조금 더 알고 싶은
無印良品 수납법

無印良品の收納

Copyright @2014 by SAORI HONDA(本田さおり)
All rights reserved.

Originally Published in Japan by KADOKAWA publishing Co.
Korean translation copyright @2015 by For Book Publishing Co.
This Korean edition was published by arrangement with KADOKAWA through BC agency

이 책의 한국어판 저작권은 BC 에이전시를 통한 저작권자와의 독점계약으로 포북이 소유합니다.
저작권법에 의하여 한국 내에서 보호를 받는 저작물이므로 무단 전재와 무단 복제를 금합니다.

조금 더 알고 싶은
無印良品
수 납 법

for book

고등학생 때부터 무인양품 애용자여서 매장에서 실제로 일해 본

경험도 있다. 현재 집에서 사용하는 물품 중 70% 이상이 무인양품

제품. 이제는 좋아하는 정도가 아니라 사랑하는 수준이 된 것 같다.

오랜 친구처럼 힘이 되는 브랜드, [무인양품]

되도록 디자인을 간소화해서 불필요한 낭비를 줄이면서 기능과 미적 감각은 동시에 살린 것이 무인양품 제품들의 매력이다. 그래서 그 어떤 살림살이들과 함께 매치해도 전혀 손색이 없다. 심지어 내가 좋아하는 해묵은 물건, 오래된 가구와도 조화롭게 잘 어울린다. 폴리프로필렌, 스테인리스, 아크릴, 라탄 등 다양한 소재의 멋을 그대로 살린 상품들은 일단 써보면 기능과 미적 감각을 금세 알아차릴 수 있다. 생활 잡화는 과도하게 가공할 필요가 없다는 교훈을 주는 브랜드가 바로 무인양품인 셈이다. 뿐만 아니라 매우 긴 세월 동안 많은 사람들에게 사랑받고 있는 스테디셀러 상품이 풍부하다. 반짝, 인기를 끌었다가 사라지는 제품들과는 비교할 수 없다. 그 덕분에 언제라도 조금 더 추가로 구입해 기존의 다른 살림살이들과 매치할 수 있다는 장점이 있다. 특히 수납용품을 고를 때, 그런 장점이 큰 도움을 준다. 시리즈 규격마다 호환이 가능해 퍼즐처럼 딱 들어맞으니 말이다.

❶ 와이어 바스켓 · ?
❷ 직사각형 바스켓 · M
❸ 수납 스탠드
❹ 직사각형 바스켓 · S
❺ 추가용 스토커 · 얕은형
❻ 추가용 스토커 · 얇은형
❼ 추가용 스토커 · 깊은형

널리 통용되는 싱크대나 수납장 사이즈 규격을 맞추어 고안했기 때문에 주거 환경이 바뀌어도 계속 사용할 수 있다. 실제로 우리 집에는 결혼 전부터 10년 가까이 사용 중인 물건도 있다.

❶ 선반 파티션 · L
❷ 추가용 스토커
❸ 추가용 스토커 · 깊은형
❹ 추가용 스토커
❺ PP 케이스 · 서랍식 · 깊은형
❻ 메이크 박스
❼ PP 케이스 · 서랍식 · 깊은형
❽ PP 케이스 · 서랍식 · 깊은형
❾ PP 케이스 · 서랍식 · 하프 · 깊은형

PROLOGUE

나 그리고 [무인양품]

무인양품과의 만남은 고등학생 때였다. 단순한 디자인에 끌려 노트, 펜, 필통 같은 문구류를 쓰기 시작했다. 마침 그 시기에 친정 가까이에 무인양품 매장이 생겼고, 그때부터 인연이 시작되었다. 살던 곳이 재건축을 하는 바람에 3평짜리 원룸으로 이사했고 필요한 물건을 사러 무인양품을 찾았다.

지금 쓰고 있는 수납용품 중 벽장 케이스와 펄프 보드 박스 몇 개는 그때 산 물건이다. 10년 이상 쓰다 보니 사용 장소나 용도는 바뀌었지만 여전히 문제없이 사용할 수 있는 것은 사용자의 주거 공간에 대한 변화를 고려하면서도 과하지 않은, 심플한 디자인 덕분이라고 생각한다. 사용자의 입장을 고려해 상품을 만드는 것, 그 일관된 자세야말로 내가 무인양품을 신뢰하는 이유다.

결혼 후 새로운 생활이 시작되었을 무렵, 가까운 무인양품 매장에서 아르바이트를 시작했다. 2년 정도 직원으로 일하면서 날마다 그 매력을 실감할 수 있었는데, 내 생활에 맞추어 자유자재로 사용하기 쉬운 무인양품 아이템은 이제 의식주 곳곳에 스며들었다.

PROLOGUE

그중에서도 내게는 수납용품이 가장 특별하다. 언제 어디서나 자유롭게 조합할 수 있다는 점은 새삼스럽게 놀랄 정도다. 단순하게 보이지만 '높이 86cm, 폭 84cm'를 기준으로 만든 케이스 종류는 어떤 조합이라도 깔끔하게 딱 맞아떨어진다.

사이즈뿐만 아니라 소재도 폴리프로필렌, 경질 펄프, 라탄, 천, 스테인리스 등 다채롭다. 형태 또한 마찬가지다. 서랍식만 봐도 여러 종류가 있는데 쓸데없이 많은 것이 아니라, 하나하나 넣을 물건을 고려한 것들이다. 예를 들어 액세서리의 경우, 폴리프로필렌이나 펄프보다는 속이 잘 보이는 투명한 아크릴이 편리하다. 이렇듯 무인양품 제품에는 사소하지만 사용자를 배려한 편리함이 숨어 있다.

또한 과하지 않은 심플한 디자인이 어떤 공간에나 잘 녹아들기 때문에 나중에 더 추가한다 해도 통일감이 유지되고, 무엇보다 질리지 않아 오래 쓸 수 있다. 그리고 사용자의 수납 아이디어에 따라 나름대로 진화시킬 수 있다는 매력이 있다.

우리 집 수납용품의 70%가 무인양품 제품이다. 이 책에서는 그 실제 예를 되도록 구체적으로 전달하고자 했고, 수납법의 연구나 아이디어도 정리해 놓았다. 그렇지만 수납법에는 정답이 없으므로, 본 내용은 이 책을 읽는 독자가 이상적인 주거 환경을 실현하기 위한 힌트로서 참고했으면 한다. 부디 책을 읽다가도 번뜩 떠오르는 아이디어가 있다면 당장 책을 덮고 정리 정돈을 시작하길 바란다.

혼다 사오리(本田さおり)

CONTENTS

006	오랜 친구처럼 힘이 되는 브랜드, [무인양품]
010	**PROLOGUE** · 나 그리고 [무인양품]
016	**STORAGE METHOD_ 01** 기본 중의 기본, 좀 더 편리해지는 수납 정리
018	**STORAGE METHOD_ 02** 수납 정리를 위한 5가지 스텝
022	이 책에서 소개하는 [무인양품] 수납 용품

PART 1
우리 집 [무인양품] 사용설명서

032	**KITCHEN** 활용도가 높은 물건들이 생활을 편리하게 만든다
058	**BEDROOM & CLOSET** 사용 빈도에 맞춰 수납 위치를 정한다
068	**LIVING & HOME OFFICE** 거실에는 거실용 물건만 둔다
080	**LAUNDRY** 세탁실에 선 채 한 발도 움직이지 않고 일을 끝낸다
086	**SANITARY ROOMS** 감추는 수납으로 정리한다
096	**ENTRANCE & STORAGE** 자주 사용하는 그 장소가 바로 살림살이 자리다
104	**COLUMN 1** [무인양품] 아이템을 활용해 이미지 체인지
110	**BEST ITEM** 내가 애용하는 [무인양품] 수납 아이템

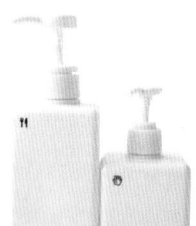

PART 2
[무인양품]으로 부실별 수납 문제 해결!

114	**SCENE 1** 아이 용품은 아이 스스로 정리할 수 있게!
120	**SCENE 2** 거실 수납의 비책
122	**SCENE 3** 식재료 및 주방 도구의 맞춤 수납법
126	**SCENE 4** 붙박이장 & 옷장 속의 비밀
130	**SCENE 5** 서재의 책과 서류, 그 깜찍한 해결책
132	**SCENE 6** 자나 깨나 편리한 침실
134	**SCENE 7** 숨겨 두고 싶은 각종 위생용품
138	**SCENE 8** 오염되기 쉬운 현관 정리법

140   **COLUMN 2** [무인양품] 아이템으로 꾸민 실례집 Before & After

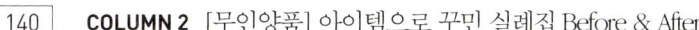

PART 3
물건의 크기를 알면 수납의 길이 보인다

153	자신의 신체 사이즈를 안다
154	어디에 보관할지는 사용 빈도에 따라 결정한다
156	치수를 재본다
158	직접 수납해 본다

162   **EPILOGUE** · 실용과 변화 두 가지 매력을 지닌 [무인양품]으로 가자!

기본 중의 기본, 좀 더 편리해지는 수납 정리

수납은 생활을 편리하게 해주는 수단이다. 그 집에서, 그 방에서 기분 좋게 생활하기 위한 준비 활동이니까.

STORAGE METHOD_01

정리 정돈은 미래에 대한 투자다

정돈을 마치 '어질러진 방 뒤처리' 정도로 생각하면 부정적인 기분이 되기 쉽다. 하지만 자기 전 요리 도구를 제자리에 정리하면 다음 날 아침 정돈된 주방에서 바로 요리할 수 있고, 쓰고 난 문구류 역시 제자리에 두면 필요할 때마다 바로 사용할 수 있다. 이렇듯 정돈을 나중에 내가 '편해지기 위한 투자'라고 생각하면 동기 부여가 훨씬 잘 된다. '뒤처리'라는 불편한 생각을 버린다면 편안한 생활을 유지할 수 있다.

물건을 사기 전 어디에 수납할지 먼저 생각하라

물건을 사는 것은 곧 '수납'과 직결된다. 아무리 수납을 깔끔하게 하더라도 물건이 늘어나면 수납 시스템은 엉망이 되기 십상이다. 일반적으로 한번 사들인 물건은 잘 버리지 않는다. 그러므로 물건을 집에 들이기 전 반드시 냉철하게 판단하는 것이 중요하다. '정말 필요한가?', '비슷한 것은 없나?', '오늘부터 당장 쓸 수 있나?' 등 신중하게 판단하는 습관을 들이면 수납, 정리 정돈이 한결 손쉽다.

정리 · 수납 · 정돈의 관계

정리, 수납, 정돈에는 각각 다른 의미가 있다. 정리란 필요한 것과 불필요한 것을 분류하여 필요 없는 것을 처분하는 것을 말한다. 수납은 원하는 물건을 필요할 때 꺼내 쓸 수 있도록 잘 넣어두는 것이다. 즉, 수납=시스템 만들기다. 선반에 아무렇게나 넣어둔 상태를 수납이라 하지 않는다. 마지막으로 정돈은 다 쓴 물건을 제자리에 갖다 놓는 것이다.

매일 해야 하는 정돈을 원활하게 하려면 수납을, 수납을 쉽게 하려면 불필요한 것이 적은 상태를 유지하는 정리가 필요하다. 결국 이 세 가지는 떼려야 뗄 수 없는 관계를 형성하고 있는 셈이다.

불편한 수납은 최대한 자제한다

가족들이 정돈을 잘 못하는 원인은 수납법에 있을 수도 있다. '정돈을 제대로 안 한다'고 화를 낼 것이 아니라 우선 수납법을 다시 살펴볼 필요가 있다. 수납은 가족들이 자연스럽게 물건을 놓는 장소나 평소 다니는 동선 위에 뚜껑이나 문을 열 필요 없이 바로 넣고 꺼낼 수 있는 수납 도구를 설치해 두는 것이 포인트다. 힘들이지 않고 쉽게 정돈할 수 있도록 불편한 수납은 최대한 줄여 가야 한다. 그렇다면 가능한 한 '자연스럽게 수납할 수 있도록' 수납법을 바꿀 수밖에 없다. 이를 위해 가족 모두 항상 편리하게 수납할 수 있는지 확인해 보자.

사실, 수납법은 매일 바꿔도 좋다

수납법은 항상 업데이트를 해야 한다. 실제로 매일 사용하는 물건 중, '이거 근처에 두는 것이 꺼내기 쉬워', '선반 위쪽에 넣어두었지만 의외로 쓸 일이 많았어'라고 느낀 적이 자주 있었을 것이다. 그 작은 불편을 간과하지 말고 계속해서 개선한다면 생활은 훨씬 편해지고 이상적인 생활로 진화할 것이다.

수납 정리를 위한 5가지 스텝

항상 제자리에 물건이 있고, 찾을 필요도 없고, 정돈도 간단하게 한다. 목표는 스트레스를 받지 않는 수납법이다.

식기 선반, 여유는 있지만 수납 규칙이 애매하다.

1 문제점이 보인다면 그냥 지나치지 않는다

수납 정리의 첫걸음은 '그게 어디에 있는지 모르겠어', '매일 쓰는 물건인데 꺼내기 힘들어' 같은 스트레스를 자각하는 것이나. 만약 불편해도 어쩔 수 없다며 그냥 지나쳐 버린다면 상황은 더 이상 나아지지 않는다. 무엇이든 불편함을 자각한다면 지금보다 '편리'한 수납법을 분명히 찾을 수 있을 것이다.

STORAGE METHOD_02

싱크대 위 벽걸이 수납장에 넣어 두었던 식기도 꺼내 한데 모은다.

2 일단 전부 꺼낸다

보통 수납이라고 하면, 수납용품이니 방법, 장소를 먼저 떠올리지만 우선 살펴야 할 것은 물건이다. 자신이 어떤 물건을 얼마나 가지고 있는지 파악하는 것이 중요하다. 이를 위해서는 같은 종류(예를 들어 식기류)를 모두 꺼내 눈앞에 늘어놓아야 한다. 여러 군데 분산되어 있는 것도 한데 모으도록 하자.

STORAGE METHOD_02

오른쪽 두 줄은 자주 쓰는 1군, 왼쪽은 가끔 쓰는 2군이다.

3

용도에 맞게 분류한다

꺼낸 물건은 분류한다. 기준은 '자주 쓰는 것'과 '가끔 쓰는 것' 그리고 '그 외'이다. 그 밖에 '앞으로 쓸 것 같은 것', '쓰지 않는 것'을 골라내어 처분하도록 한다. 판단이 서지 않을 때는 가족이나 친구들의 의견을 참고하면 의외로 간단하다.

그 외의 식기군은 대부분 잘 사용하지 않는 것들이다.

꺼내기 쉬운 자리 좌측 상단에는 1군 중에서도 매일 사용하는 물건을 두자. 그 아래에는 남은 1군을 비슷한 사이즈끼리 나누고, 그에 맞추어 선반 폭도 조정한다. 2군을 집중적으로 수납한 우측 하단에는 ㄷ자 랙 선반을 사용하면 꺼내기 쉽다.

4

생활 패턴에 맞게 수납한다

1군에 있는 물건부터 우선 제자리를 정한다. 포인트는 꺼내기 쉬운 곳이 제자리다. 또 한 가지 방법은 거의 사용하지 않는 물건은 높은 곳이나 선반 깊은 곳 등 손이 잘 닿지 않는 곳에 두고 없애 나가면 정리하기 쉽다. '꺼내기 쉬움'과 '자주 사용함'을 염두에 두고 매치하는 것이 중요하다.

보이기 쉽게 한다

분류 후, 수납 장소가 정해지면 무엇이 들어 있는지 금방 알 수 있도록 수납 품목을 적은 라벨을 붙여 '가시화'한다. 누구라도 한눈에 알아볼 수 있도록 라벨을 부착하면, 사용 후에도 잊어버리지 않고 제자리에 넣을 수 있다. 또한 다시 지저분해지는 것도 막을 수 있다.

5

제자리에 넣을 때 헷갈리지 않도록 수납 품목도 상세하게 기입한다.

이 책에서 소개하는 [무인양품] 수납 용품

상품명 / 사이즈 / 가격 / 소개 페이지와 사진 번호

※ 사진의 축소 비율은 실물과는 다릅니다.

※ 본문에 게재된 상품은 수입 사정에 따라 가격이 변동될 수 있으며, 국내 미입고 상품이 포함되어 있습니다.

클로젯 케이스 · 서랍식 · S
폭44×깊이55×높이18cm / 26,000원 / p.60, 64, 159(22-01)

수납 케이스 · S
폭34×깊이44.5×높이18cm / 19,000원 / p.135(22-04)

수납 케이스 · 가로 와이드 · S
폭55×깊이44.5×높이18cm / 39,000원 / p.149, 150(22-07)

클로젯 케이스 · 서랍식 · L
폭44×깊이55×높이24cm / 29,000원 / p.60, 64, 160(22-02)

수납 케이스 · L
폭34×깊이44.5×높이24cm / 23,000원 / p.135, 161(22-05)

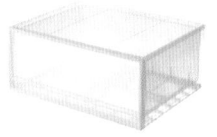

수납 케이스 · 가로 와이드 · L
폭55×깊이44.5×높이24cm / 43,000원 / p.149, 151, 161(22-08)

클로젯 케이스 · 서랍식 · 깊은형
폭44×깊이55×높이30cm / 33,000원 / p.160(22-03)

수납 케이스 · 깊은형
폭34×깊이44.5×높이30cm / 26,000원 / p.60, 65(22-06)

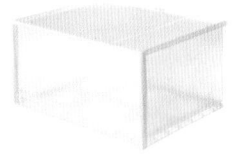

수납 케이스 · 가로 와이드 · 깊은형
폭55×깊이44.5×높이30cm / 46,000원 / p.149, 151(22-09)

PP 케이스 · 서랍식 · 가로 와이드 · 깊은형
폭37×깊이26×높이17.5cm / 23,000원 / p.139(22-10)

PP 케이스 · 서랍식 · 얕은형 · 2단
폭26×깊이37×높이16.5cm / 26,000원 / p.73(22-11)

PP 케이스 · 서랍식 · 깊은형 · 2개
폭26×깊이37×높이17.5cm / 33,000원 / p.55, 83, 116(22-12)

PP 케이스 · 서랍식 · 깊은형
폭26×깊이37×높이17.5cm / 23,000원 / p.42, 43, 55, 83(22-13)

캐리 박스 · L
폭36×깊이51×높이16.5cm / 23,000원 / p.139(22-14)

의류 케이스 · 서랍식 · L
폭40×깊이65×높이24cm / 29,000원 / p.160(22-15)

수납용 구분 케이스 · S
폭12×깊이38×높이12cm /
6,900원 / p.64, 159(23-01)

파일 박스
폭10×깊이35.4×높이26cm /
10,000원 / p.131(23-04)

수납용 구분 케이스 · M
폭16×깊이38×높이12cm /
7,900원 / p.64, 151, 159(23-02)

파일 박스 · 스탠다드 타입
폭10×깊이32×높이24cm /
6,900원 / p.91, 122, 136(23-05)

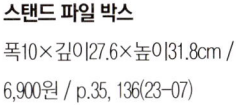

스탠드 파일 박스
폭10×깊이27.6×높이31.8cm /
6,900원 / p.35, 136(23-07)

수납용 구분 케이스 · L
폭24×깊이38×높이12cm /
9,900원 / p.64, 151, 159(23-03)

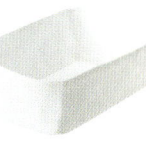

파일 박스 · 스탠다드 타입 · 와이드
폭15×깊이32×높이24cm /
13,000원 / p.122, 123(23-06)

정리 박스 · 1
폭8.5×깊이8.5×높이5cm /
1,600원 / p.67(23-09)

데스크 정리 트레이 · 4 - 15AW
폭134×깊이200×높이40mm /
가격 미정 / p.73(23-10)

데스크 정리 트레이 · 2 - 15AW
폭100×깊이200×높이40mm /
가격 미정 / p.73(23-11)

스탠드 파일 박스 · 와이드
폭15×깊이27.6×높이31.8cm /
13,000원 / p.136(23-08)

추가용 스토커 · 깊은형
폭18×깊이40×높이30.5cm /
23,000원 / p.44, 45(23-12)

PP 케이스 · 서랍식 · 하프 · 깊은형
폭14×깊이37×높이17.5cm / 19,000원 /
p.42, 62, 159(23-14)

소품 수납 박스 · 6단
폭11×깊이24.5×높이32cm /
36,000원/ p.120(23-16)

추가용 스토커
폭18×깊이40×높이21cm /
16,000원 / p.44, 45(23-13)

PP 케이스 · 서랍식 · 하프 · 얕은형
폭14×깊이37×높이12cm / 16,000원 /
p.159(23-15)

더스트 박스
폭28.5×깊이15×높이30.5cm /
13,000원 / p.121(23-17)

메이크 박스 · 뚜껑식 · S
폭15×깊이11×높이10cm /
5,900원 / p.85(24-01)

메이크 박스 · 뚜껑식 · L
폭15×깊이22×높이10cm /
8,900원 / p.85(24-02)

메이크 박스
폭15×깊이22×높이17cm /
5,900원 / p.43(24-03)

메이크 박스 · ½
폭15×깊이22×높이8.6cm /
4,300원 / p.54(24-04)

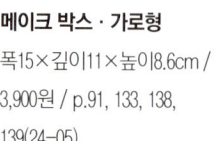

메이크 박스 · 가로형
폭15×깊이11×높이8.6cm /
3,900원 / p.91, 133, 138,
139(24-05)

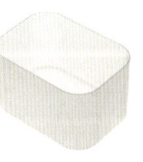

메이크 박스 · ½ · 하프
폭15×깊이11×높이8.6cm /
4,300원 / p.133, 139(24-06)

메이크 박스 · 세로형
폭7.5×깊이22×높이4.5cm /
3,300원 / p.73(24-07)

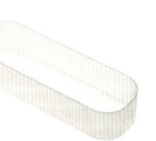

소프트 박스 · 장방형 · 하프 · S
폭26×깊이18.5×높이16cm /
11,000원 / p.124, 133(24-08)

소프트 박스 · 얕은형 · 하프
폭13×깊이37×높이12cm /
10,000원 / p.151, 159(24-09)

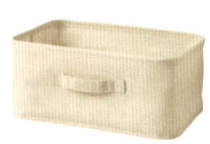

소프트 박스 · 장방형 · S
폭37×깊이26×높이16cm /
12,000원 / p.118(24-12)

소프트 박스 · 장방형 · M
폭37×깊이26×높이26cm /
13,000원 / p.136(24-13)

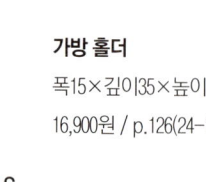

가방 홀더
폭15×깊이35×높이70cm /
16,900원 / p.126(24-10)

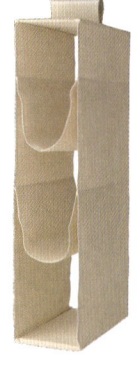

소품 홀더
폭15×깊이35×높이70cm /
19,900원 / p.66(24-11)

소프트 박스 · 장방형 · L
폭37×깊이26×높이34cm /
15,000원 / p.118, 119(24-14)

소프트 박스 · L
폭35×깊이35×높이32cm /
17,000원 / p.119(24-15)

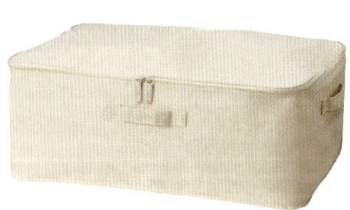

소프트 박스 · 의류 케이스 · L
폭59×깊이39×높이23cm /
30,000 / p.129, 161(24-16)

레터 스탠드
폭5×깊이13×높이14.1cm /
7,000원 / p.120(25-01)

적층식 CD 박스
폭13.5×깊이27×높이15.5cm /
18,000원 / p.99(25-05)

아크릴 케이스 2단 서랍
폭17.5×깊이13×높이9.5cm /
18,000원 / p.76(25-08)

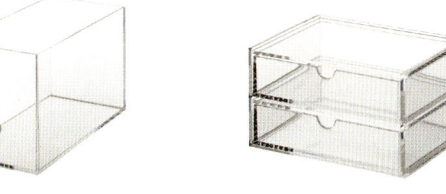

펜 스탠드
폭5.5×깊이4.5×높이9cm /
2,300원 / p.139(25-02)

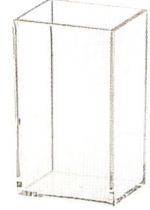

아크릴 케이스 · 3단
폭8.8×깊이13×높이14cm /
16,000원 / p.120(25-03)

칸막이 스탠드 · 하프 · S
폭17.5×깊이6.5×높이4.8cm /
6,300원 / p.131(25-06)

아크릴 DVD 랙 · 박스 타입
폭17.5×깊이13×높이21cm /
19,000원 / p.131(25-09)

수납 스탠드
폭8×깊이17×높이25.2cm /
16,000원 / p.52, 73, 125(25-04)

선반 파티션 · L
폭26×깊이17.5×높이10cm /
9,000원 / p.39(25-07)

아크릴 엽서 박스
폭16.3×깊이11.6×높이5cm /
15,000원 / p.133(25-10)

클립 보드
폭22×높이31cm / 3,000원 /
p.121(25-11)

벨루어 파티션 · 목걸이용
폭24×깊이16×높이2.5cm / 13,000원 / p.133(25-12)

벨루어 파티션 · 격자
폭16×깊이12×높이2.5cm /
16,000원 / p.133(25-13)

벨루어 칸막이
폭16×깊이12×높이2.5cm /
5,000원 / p.76, 133(25-14)

벽걸이 가구 · 후크
폭4×깊이6×높이8cm /
11,900원 / p.136, 151(26-01)

벽걸이 가구 · 상자 · 폭88cm
폭88×깊이15.5×높이19cm /
89,000원 / p.76(26-02)

벽걸이 가구 · 선반 · 폭44cm
폭44×깊이12×높이10cm /
33,000원 / p.132, 137(26-03)

벽걸이 가구 · 데코 우드 · 폭44cm
폭44×깊이4×높이9cm /
26,000원 / p.119, 138(26-04)

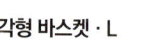

벽걸이 가구 · 데코 우드 · 폭88cm
폭88×깊이4×높이9cm / 39,000원
/ p.114, 151(26-05)

* 벽걸이 가구 고정용 나사는 상품에
동봉되어 있지 않습니다.

경질 펄프 박스 · 서랍식 · 깊은형
폭25.5×깊이36×높이16cm /
가격 미정 / p.121(26-06)

경질 펄프 박스 · 서랍식 · 2단
폭25.5×깊이36×높이16cm /
가격 미정 / p.72(26-09)

경질 펄프 박스 · 뚜껑식 · 얕은형
폭25.5×깊이36×높이8cm /
가격 미정 / p.73(26-07)

**경질 펄프 박스 · 뚜껑식 ·
얕은형 · 하프**
폭18×깊이25.5×높이8cm /
가격 미정 / p.62(26-10)

경질 펄프 박스 · 뚜껑식
폭25.5×깊이36×높이32cm /
가격 미정 / p.52(26-08)

경질 펄프 · 파일 박스
폭13.5×깊이32×높이24cm /
가격 미정 / p.63(26-11)

**경질 펄프 박스 · 뚜껑식 ·
깊은형 · 하프**
폭18×깊이25.5×높이16cm /
가격 미정 / p.130(26-12)

각형 바스켓 · L
폭35×깊이37×높이24cm /
26,900원 / p.62(26-13)

라탄 박스 · 손잡이형 · S
폭15×깊이22×높이9cm /
19,000원 / p.66, 67(26-14)

직사각형 바스켓 · S
폭36×깊이26×높이12cm /
33,000원 / p.125, 146(26-15)

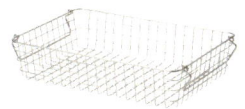

와이어 바스켓 · 2
폭37×깊이26×높이8cm /
25,000원 / p.53, 85, 125(27-01)

와이어 바스켓 · 6
폭51×깊이37×높이18cm /
47,000원 / p.127, 135(27-02)

후크 · 마그넷식 · S
5,800원 / p.52, 123(27-10)

밀폐 더스트 박스 · L
폭37.5×깊이51.5×높이33cm /
46,000원/p.102(27-03)

스틸에 부착 가능한 트레이
폭22×깊이6.7×높이6.5cm /
가격 미정 / p.52, 138(27-04)

와이어 클립
폭2.0×깊이5.5×높이9.5cm/
6,500원 / p.90, 93, 124, 125,
137(27-11)

스틸 어저스터 폴 · 얇은형 · M · 실버
길이70~120cm, 외경1.3cm / 가격 미정 / p.127, 138(27-05)

S자 후크 · L(2개)
7×1.5×14cm / 11,500원 /
p.52, 85(27-12)

폴더블 구분 케이스 · L
세로40×가로53×높이10cm /
p.128(27-06)

나일론 립스탑 보자기 · 네이비
세로100×가로100cm / 가격 미정 /
p.128(27-08)

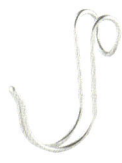

S자 후크 · S(3개)
직경9×24mm / 7,000원 /
p.114(27-13)

세면용구 케이스 · L
세로16×가로19×깊이6cm /
p.119(27-07)

키친 툴 스탠드
직경9×높이16cm / 14,000원 /
p.123(27-09)

S자 후크 · L
폭5.5×높이11cm / 2,300원 /
p.127(27-14)

PART 1

우 리   집

[무인양품]

사용 설명서

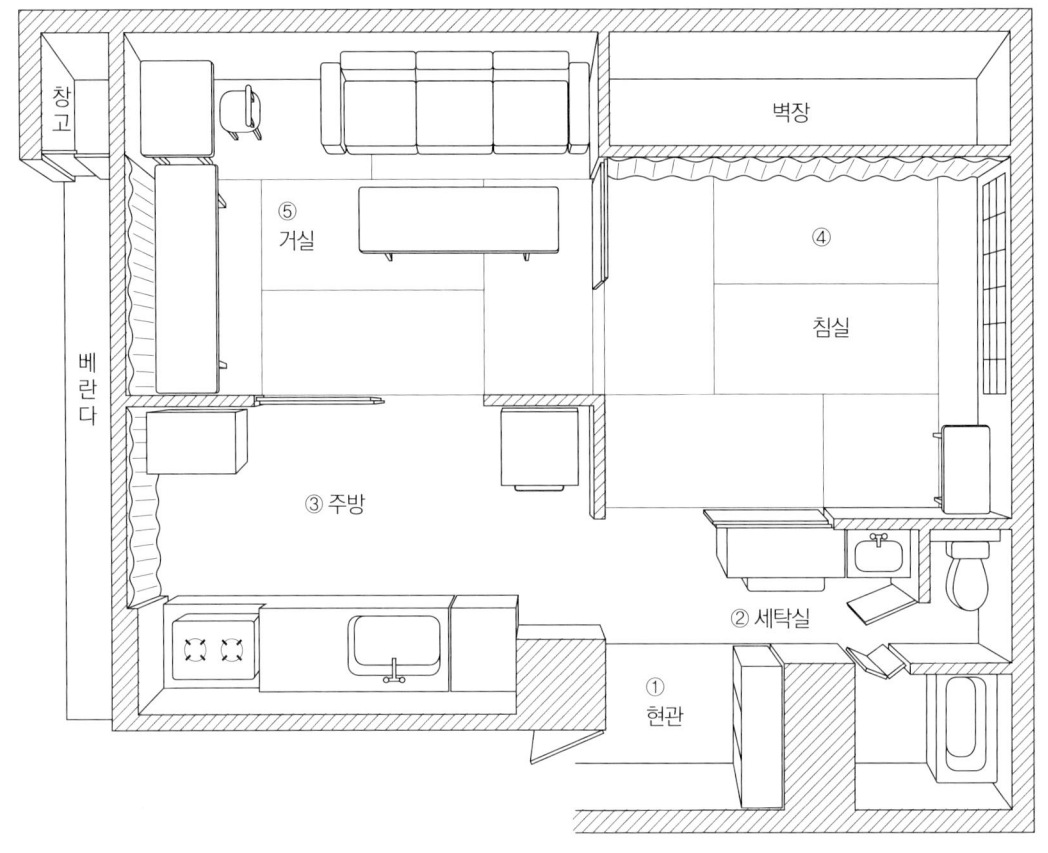

우리 집 방 배치도

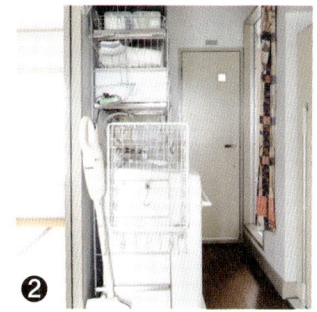

부부 두 명이 사는 우리 집은 지은 지 40년이 넘은 방 두 개짜리 사택이다. 붙박이 수납장이라고는 약 2.7m짜리 벽장뿐이다. 결혼 후 처음 사는 집으로, 수납장이 의외로 좁은 데다 두 사람 분량의 살림을 수납해야 했다. 수납용 기구기 너무 좁고 낡아서 처음에는 당황했지만, 덕분에 심플하고 편리한 나만의 수납 요령을 찾아낼 수 있었다. 그래서 지금은 '이 집에 살게 되어 정말 다행'이라고 생각한다.

KITCHEN

활용도 높은 물건들이 생활을 편리하게 만든다

나는 요리하는 것을 그다지 좋아하지 않는다. 장보기부터 뒷정리까지, 산만한 나에게는 너무 복잡하고 귀찮다. 그래서 가급적 스트레스를 받지 않기 위해 주방에 있는 시간을 최소한으로 줄여야 했다. 또한 귀찮거나 번거롭다는 생각이 들면 항상 멈추어 서서 해결법을 찾았다. 필요한 것은 금방 찾을 수 있고, 사용 후 쉽게 제자리에 넣을 수 있도록 방침을 정했다.

또한 굽히거나 손 뻗을 일은 가능한 한 줄였다. 이렇게 작업이 편리해지도록 다양한 연구를 거듭해 온 결과, 현재의 '편리한 주방'이 탄생했다. 물이 묻어도 쉽게 닦이고, 속이 들여다보여 재고 관리에 적합한 폴리프로필렌(PP)이나 아크릴 수납용품으로 전략적인 수납과 정리를 하니 신경 쓸 일이 줄었다.

작업 과정이 복잡한 주방 일은 물건을 넣는 방법이나 보관 장소 하나만 바꿔도 매일 받는 스트레스에서 해방될 수 있다. 일하기 편리하고 사용하기 쉬운 주방을 만들기 위해 지금도 고민 중이다.

목표는 비행기 조종실처럼, 모든 움직임을 최소한으로!

Close

Open

어디에 무엇이 있는지 일목요연하게 정리한다. 필요한 물건은 비행기 조종실처럼 선 자리에서 한 번에 닿을 수 있도록 배치하는 것이 목표다. 이를 위해서는 자칫 놓칠 수 있는 것도 다시 보고, 쓸데없는 수고나 움직임을 하나하나 줄여 나간다.

냄비 뚜껑은 전용 랙을 이용한다
잘 사용하지 않고 넣기 불편한 냄비 뚜껑은 버팀 봉 2개를 고정시킨 후 랙을 끼워 공간을 만들었다. 틈새에 덤으로 생긴 수납공간에 냄비 뚜껑을 넣어 두었다.

가열대 아래, 쓸데없는 동선을 최대한 줄인다
불을 사용하는 가스레인지 아래쪽 수납은 요리 중 손이 멈추지 않게 하는 것이 중요하다. 넣고 꺼내기 쉽게 수납하고, 자주 사용하는 조미료는 문에 매달아 수납해서 열리자마자 꺼낼 수 있게 했다.

매일 사용하는 물건만 엄선한다
요리에 매일 사용하는 도구는 생각보다 많지 않다. 최대한 간추려서 선별한 다음 가까이 두자. 필요한 물건을 쉽게 꺼낼 수 있는 편리함과 인테리어 수납, 일석이조의 효과가 있다.

프라이팬, 서류 케이스에 세워서 수납한다
자주 사용하는 프라이팬을 골라, 스탠드 파일 박스 2개에 세워두면 꺼내기 쉽다. **p.23-07**

매일 사용하는 물건은 문 안쪽에 모셔 둘 이유가 없다

식기는 걸이형 수납장과 그 아래 오픈 랙에만 수납했다. 자주 쓰는 식기는 눈높이에 있는 오픈 랙에 정리하면 편리하다. 잘 쓰지 않는 것은 싱크대 상부 수납장 안쪽이나 박스 안 등 사용 빈도에 맞춰 수납한다.

매일 사용하는 식기류는 무조건 잘 보이는 자리에!

날마다 사용하는 1군 식기는 문이 없는 오픈 랙에 두고 사용한다. 이럴 때 독자들은 쌓이는 먼지 걱정을 할 수도 있을 것이다. 매일 쓰면서도 굳이 싱크대 안쪽에 보관하는 것 역시 청결을 생각하기 때문일 테니까. 하지만 매일 사용하기 때문에 먼지가 쌓일 틈도 없다. 수고를 덜어주는 방법이 있다면 놓치지 말 것. 이것이 스마트한 수납의 가장 중요한 원칙이다.

사용 빈도가 낮은 물건은 상단에!
보존 용기나 깔때기, 보온병 등은 날마다 사용하지 않으므로 걸이형 선반 높은 곳에 두었다.

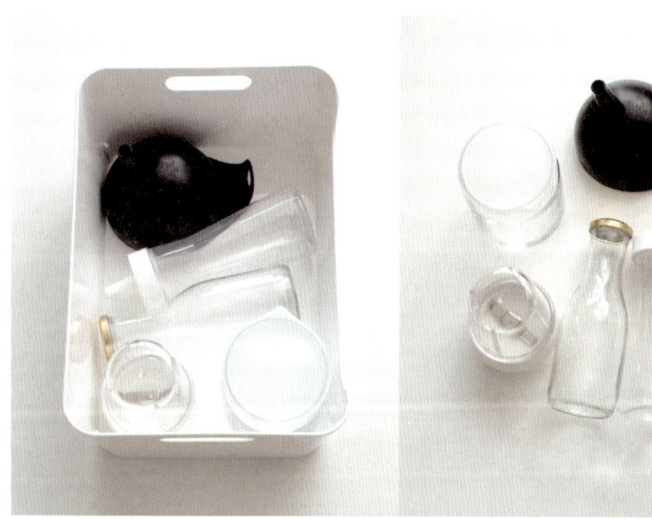

싱크대 안쪽에도 분명한 서열을 만든다

ㄷ자 랙으로 공간을 늘린다

선반 파티션·L로 틈새 공간을
유용하게 활용했다.
투명해서 아래쪽에 있는 살림
살이도 한눈에 파악할 수 있다.

p.25-07

문짝 안쪽은 최고의 공간이다
문 안쪽에 파일 박스를 붙인다. 이때 3M 코맨드 찍찍이 테이프를 활용하면 편리하다. 여기에 유리 용기 뚜껑을 모아 수납했다. 자주 쓰는 쌀 세척 망이나 슬라이서, 계량컵도 함께 걸어두었다.

불편하다고 느끼는 그 순간, 망설이지 말고 바꿔서 정리하자

깊은 공간, 그 속까지 남김없이 활용하기에는 서랍식 도구가 딱이다
싱크대 하부 수납장에는 각종 폴리프로필렌 케이스를 넣어 두었다. 사이즈가 다양해 쓸데없는 틈이 생기지 않고, 사각형으로 통일되어 보기에도 깔끔하다. 서랍식이라 깊이 넣어둔 물건도 약간만 몸을 숙이면 간단히 꺼낼 수 있다. 매일 식사 때마다 주방과 마주해야 하므로 조금만 고민하면 보다 편리하게 생활할 수 있다.

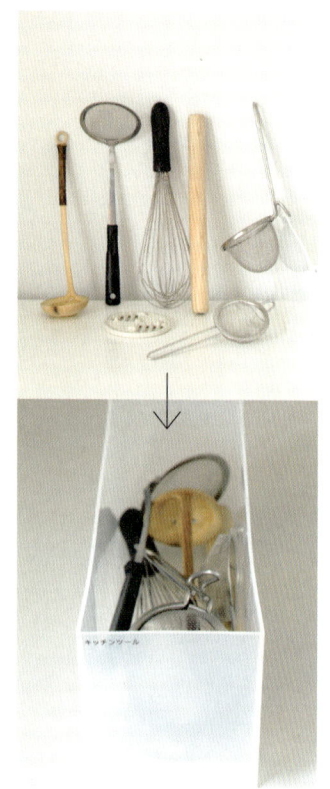

나름대로 규칙을 세워서 정리한다

주방 살림살이들은 정말이지 종류도 많고, 또 형태와 사이즈도 제각각이다. 그것들을 전부 늘어놓았다가는 치워도 치워도 어쩐지 어수선해 보이기 십상이다. 나는 비슷한 아이템끼리 한데 모아서 서랍식 케이스에 넣는다. 어디에 무엇이 있는지 대부분 기억할 수 있지만, 서랍 겉면에 라벨링을 해두는 수고도 한 번 더 곁들인다. 이렇게 정리하면 찾아 쓰기에 전혀 불편함이 없다. 서랍 위쪽의 남는 공간에는 밀폐 용기를 넣은 폴리프로필렌 메인 박스를 겹쳐 넣는다.

국자, 주걱, 그물 국자, 거품기… 요리를 할 때마다 필요한 주방 도구들은 대부분 벽면에 걸어 놓고 사용하는 편. 하지만 주렁주렁 걸린 살림살이들만 치워도 주방이 반짝반짝해진다. 크기도, 형태도 제각각이라 깊고 높은 수납 케이스에 모아 두었다. p.23-14

요즘은 건강을 생각해서 도시락을 싸는 사람들이 많아졌다. 도시락을 쌀 때 필요한 용품들을 전부 모아서 한자리에 정리하면 바쁜 아침에도 허둥대지 않고 손쉽게 찾아 쓸 수 있다. 이럴 때도 역시 pp 케이스·서랍식이 아주 큰 힘이 된다. p.22-13

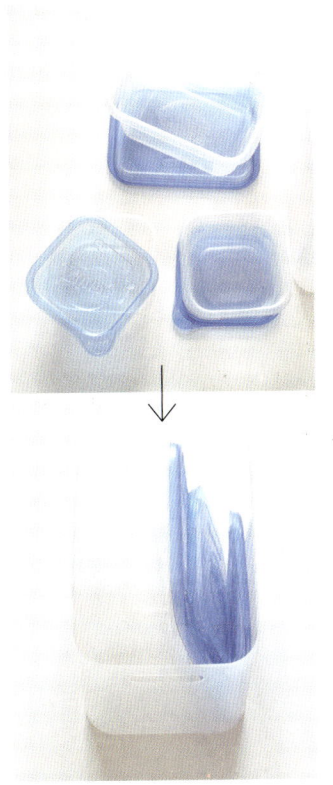

주방에서 자주 쓰게 되는 또 하나의 살림은 밀폐용기. 마구잡이로 구입하기보다는 모양이나 사이즈가 호환이 잘 되는 것으로 규모 있게 장만하는 편이 좋다. 이렇게 구입한 유리 용기는 착착 겹쳐서 그룹별로 서랍식 수납 케이스에 보관하면 좋다. p.22-13

깨질 염려가 전혀 없는 소재의 보손 용기들은 아무래도 유리 용기에 비해 보관이 편리하다. 우선 뚜껑과 용기를 따로 분리하고, 큰 통 안쪽에 작은 통을 넣는 식으로 포갠 뒤에 사진과 같이 세워서 넣으면 한결 조밀하게 수납된다. p.24-03

싱크대 아래쪽에 있는 서랍 중 하나에는 마스크, 찜질 약, 일회용 밴드 등 가벼운 의약품들을 상비해 두고 있다. 요리를 하다가 가벼운 상처가 나거나 데었을 때, 필요한 것을 금방 꺼낼 수 있도록 정리해 두는 것. 처방약은 처방전과 함께 지퍼 백에 넣는다. p.22-13

8년간 사용한 '추가용 스토커'
주방에 없어서는 안 될 든든한 수납 용품

싱크대 하부 수납장에 사용하는 수납용 구분 케이스는 슬림해서 틈새 수납에 안성맞춤이다. 고정 장치가 붙어 있어서 조리 중에 급히 열어도 서랍이 떨어지지 않아 안심하고 사용할 수 있다. ③은 친정에서 결혼 전부터 사용하던 것으로 조미료를 넣거나 휴지통으로 쓰기도 했다. 어떤 식으로든 활용도가 높은 만능 아이템이다. 위에서도 내용물을 쉽게 찾을 수 있도록 서랍 앞쪽에 품목을 적은 라벨을 붙인다. 문 안쪽에는 온라인 숍에서 산 랙에 알루미늄 포일 등을, 100엔 숍에서 구입한 용기에는 1회용 걸레를 넣는다. 모두 쪼그려 앉지 않아도 꺼낼 수 있도록 했다. p.23-12, 13

매일 해야 하는 일이니까
꺼내기 쉽게 하는 것이 포인트

① 자질구레한 공구류는 꺼내기 쉽게 분류하여 박스에 세워서 수납한다. p.23-13

② 남은 세제류는 모아서 수납한다. 항상 필요한 만큼만 구입해서 사용하면 사재기를 방지할 수 있다. p.23-12

③ 소모품은 넣어둘 양을 미리 정해서 한데 모아 정돈한다. 이때 쓰레기봉투, 행주 p.165 등은 세워서 수납한다. p.23-13

최상의 간편함은 시행착오를 거쳐 완성된다

젓가락이나 목제 커트러리, 포크류는 라탄 트레이에 분류하고, 스테인리스 제품은 아크릴 케이스에 넣어 서랍 앞쪽에 둔다. 식사 때마다 사용하는 젓가락 받침도 찬합식 작은 박스에 고무줄, 클립과 함께 앞쪽에 둔다. 가끔 사용하는 와인 오프너, 캔 따개 등은 안쪽에 넣는다.

아끼는 그릇은 아낌없이 써야 더 좋아진다

식기를 무척 좋아해서 관심 있는 작가의 개인전은 반드시 보러 가고, 여행지에서 찜해 둔 그릇 가게는 되도록 방문하는 편이다. 하지만 좋아하는 식기를 매일 사용하고 싶다면, 우선 활용도가 높고 식탁에서 잘 쓰일 것 같은지 미리 따져보고 구입해야 한다.

거의 매일 사용하는 1군 그릇들이다. 질감도, 무게도 모두 마음에 들고 사용하기에 전혀 불편함이 없다. 즐겨 쓰다 보니 점점 더 애착이 가는 최고의 살림이다.

즐겨 사용하는 중간 크기의 접시들이다. 최근, 식기를 고를 때 고려하는 점은 접시 모양이 달라도 사이즈가 비슷하거나 같으면 잘 어울린다는 것이다.

찻잔을 고를 때, 차만 담는 것이 아니라 요리도 담고 수프도 담을 수 있도록 다양한 활용법을 염두에 두자. 재미도 있고, 그릇의 가짓수도 줄일 수 있다.

천 가방은 수납용품으로 사용한다
싱크대 아래 문에 S자 후크로 걸어둔 천 가방에는 행주나 1회용 봉투를 넣는다. 행주는 하루 한 장씩 쓰고 바로 세탁한다.

유닛 선반으로 이상적인 수납 스타일을 실현한다

Before

스테인리스 오픈 랙을 새로 맞췄다. 이렇게 스마트하고 심플한 스타일의 랙은 더없이 만족스럽다. 바닥 면이 높이 떠 있어 청소도 편하다. 전자레인지를 옮기면서 생긴 공간에 넓은 서랍장을 설치하니 수납 양이 늘어난 덕분에 오랜 과제였던 '식재 정리'를 해결했다.

After

SUS 선반 세트 · L, SUS 선반 · 측판보강부속 · 56cm, SUS 선반 · 폴리프로필렌 바스켓 · 56cm×3, SUS 선반 · 사이드 패널 · S / 합계 510,000원

멋있고 탐나는 수납 박스
가볍고 튼튼한 경질 펄프 박스는 어느 곳에나 어울리는 멋있는 수납용품. 질감이나 사각형의 거친 느낌이 매력적이다. 상단에 2개를 놓으면 인테리어 용품이 된다.

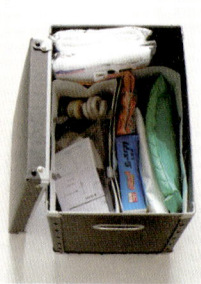

비품은 상단에 보관한다
전구나 살충제, 캠핑용 버너, 여분의 수건 등 자주 사용하지 않는 비품은 박스 2개에 나누어 수납하고 랙 상단에 둔다.
p.26-08

요리 책, 쟁반 수납

상단 공간에 수납 스탠드 p.25-04를 두고 쟁반류는 세워서 수납한다. 여기에 칸막이 판 · S p.165로 요리책을 받쳐둔다. 투명 스탠드는 시각적으로 답답하지 않고 스마트한 인상을 준다.

옆면도 적극적으로 활용한다

사이드 패널을 부착하여 마그네틱 랩 케이스와 거울 p.165, 스틸 탈부착 트레이 p.27-04를 붙여 놓았다. 마그넷 후크 p.27-10에는 핸디 자루 걸레 p.165를, 에코백은 S자 후크에 건다.

빈 공간에는 쓰레기통을 두자

수납 방법을 바꿨더니 선반 아래에 공간이 생겨 재활용 쓰레기를 담는 바퀴 달린 더스트 박스 p.165를 설치했다. 안쪽은 나누어 분류할 수 있도록 했고, 그 옆의 빈 공간에는 분쇄기를 놓을 예정이다.

❹

자주 사용하는 식재료는 용기에 담아 둔다
차나 시리얼, 참깨 등 거의 매일 사용하는 식재료는 병에 넣고, 와이어 바스켓 p.27-01에 담아 선반에 두자. 급식 바구니를 연상시키는 디자인의 랙이다. 손잡이를 안쪽으로 두면 쌓아둘 수 있어 기능성이 높아진다. 이를 구현한 심플한 디자인에 '역시 무인양품!'이라고 감탄했다.

흩어져 있던 식재료는 3단 서랍장에!

다과류
개별 포장품은 불필요한 포장은 버리고 지퍼백에 넣어 수납 사이즈를 통일한다. 차나 과자는 따로 분류하고, 매일 쓰는 커피 필터와 티백은 가까이에 두고 포트는 뒤쪽에 둔다.

건조식품
자주 사용하는 건조식품은 투명 용기에 담고 개봉한 것은 지퍼백에 넣는다. 건조식품은 요리 시 금방 꺼낼 수 있도록 서랍 앞쪽에 놓고, 뒤쪽은 비워두어 높이가 높은 용기를 쉽게 꺼낼 수 있도록 한다. p.24-04

포장지를 가려 깔끔하게!
포장지의 현란한 색깔이 보이지 않도록 박스 전면에 미리 잘라 놓은 플라스틱 보드를 끼워 가린다.

저장 식재료
조미료, 레토르트 식품, 통조림은 외형이 비슷한 것끼리 분류한다. 서랍에 바로 넣기 지저분한 것은 케이스에 담고 납작한 것은 세워서 수납한다. 유통 기한이 오래 남은 것은 서랍 뒤쪽에 둔다.

❼

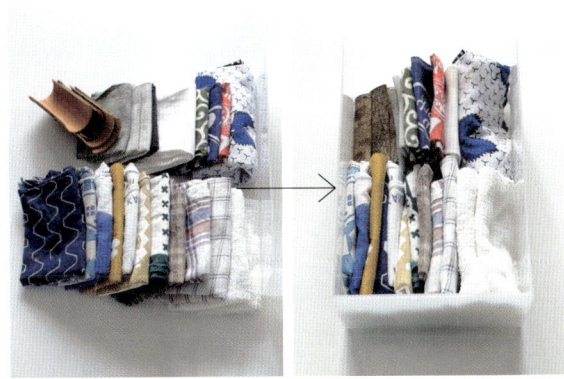

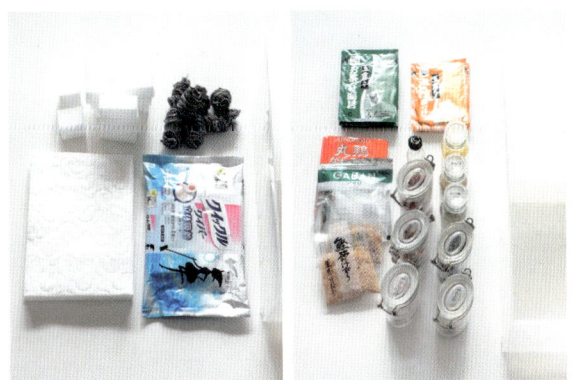 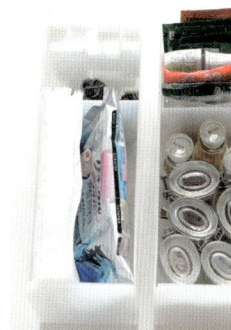

랙 선반에 둔 서랍 케이스

천이나 손수건 등은 PP 케이스·서랍식·깊은형 p.22-13에 모아 두자. 요리에 사용하는 향신료는 병에 덜어두고 위에서도 보이게 뚜껑에 라벨을 붙인다. 청소용 드라이 시트는 한 번에 꺼내 쓸 수 있도록 포장지에서 꺼내 수납한다. p.22-12

용량이 작은 콤팩트한 냉장고로 바꾸면 계획적인 소비가 가능하다

그동안 사용해 왔던 냉장고가 너무 컸기 때문에, 무인양품의 270ℓ 짜리로 교체했다. 남편과 나, 두 식구가 쓰기에는 적절한 사이즈다. 작아진 만큼 내용물 전체를 볼 수 있어 쓰기가 훨씬 편해졌다. 구입한 식품을 낭비하지 않고 다 쓸 수 있도록 필요한 만큼만 장보기. 그 결과 식비도 줄이고 구입한 모든 재료들을 한눈에 볼 수 있게 되었다.

종류별로 나눠 쟁반이나 박스에 넣는다

식품이나 용기 등을 자주 넣고 빼는 냉장고는 각 물건의 위치를 일정하게 정해 놓는 것이 중요하다. 쟁반이나 박스를 이용하여 종류별로 모아두면 관리하기 쉽고, 못 찾는다거나 쓸데없이 많이 구입하는 일도 방지할 수 있다. 오른쪽은 매실 절임이나 낫토 등을 모아둔 '밥도둑' 세트다. 재고 확인도 쉬워졌다.

냉장고 수납

부부 둘이서 1ℓ짜리 음료를 다 마시지 못하기 때문에 미니 팩을 애용한다.

냉동실 수납

고기나 생선은 1회분씩 랩으로 싸서 지퍼백에 넣는다. 손질해둔 채소도 똑같이 넣어둔다. 냉장고 안에 수납 케이스를 넣어 세워서 보관한다.

채소실 수납

채소는 지퍼백에 담아 채소실에 둔다. 세워서 수납하고 꺼내기 쉽게 용기에 담아 서랍 앞쪽에 놓는다.

BEDROOM & CLOSET

사용 빈도에 맞춰 수납 위치를 정한다

우리 집 수납공간은 현관 신발장을 빼면 침실에 있는 1년 반 된 벽장이 전부다. 이를테면 붙박이장인 셈이다. 여기를 어떻게 해야 제대로 사용할 수 있을까? 이 집에서 생활하는 데 가장 중요한 미션이었다. 일반적으로 벽장은 부피가 크거나 평소 잘 쓰지 않는 물건, 혹은 가재도구를 보관하는 용도로 사용한다. 그러나 우리 집은 자주 쓰는 일상 용품들을 벽장에 꺼내기 쉽게 수납해야 했다. 벽장은 깊이가 깊은 것이 장점이지만, 빈 공간을 만들지 않으면서 물건을 넣고 꺼내기 쉽게 수납하는 것이 관건이다. 나 역시 여러 번의 시행착오와 연구를 거친 끝에, 사용 빈도에 따라 편하게 사용할 수 있도록 제자리를 찾았다.

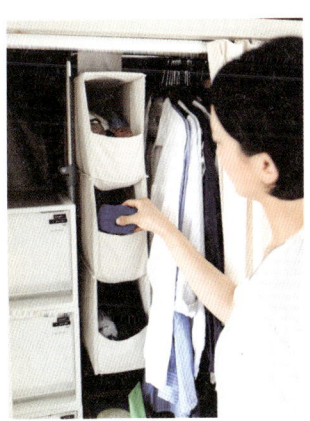

벽장 전체의 활용도를 좀 더 높이기 위해 기존의 문짝을 떼어내고 받침대 타입의 커튼레일을 설치했다.

앞뒤, 왼쪽과 오른쪽을 사용 빈도에 따라 나눈다

커튼만 열면 바로 꺼낼 수 있는 앞쪽과 방 입구에서 가까운 왼쪽은 사용 빈도가 높은 물건을 두는 곳으로 정해 수납에 효율성을 높였다.

넘치기 쉬운 왼쪽 수납

❶ 물건을 넣고 빼기 가장 편한 장소에는 결혼 전부터 사용하던 클로젯 케이스 p.22-01, 02, 06를 두고 제철 옷이나 실내복, 이너웨어를 수납한다. 무인양품에는 깊이 65cm의 큰 용량 의류 케이스·서랍식이 있지만, 벽장 상단에 두고 쓰기에는 넣고 빼기가 조금 부담스럽다. 우리 집에서 지금 쓰고 있는 클로젯 케이스·서랍식(깊이 55cm)과 수납 케이스(깊이 44.5cm)가 활용도가 높다.

❷ 안쪽 빈 공간에는 행어를 세로로 여러 개 달아서 예복이나 코트 등 사용 빈도가 낮은 옷을 넣었다.

천장 벽장도 활용하자

손이 잘 가지 않는 천장 벽장은 장기간 사용하지 않는 물건을 보관하기에 그만이다. 폴리프로필렌 케이스에는 철 지난 의류 등을, 천 케이스에는 스포츠 웨어, 모자, 사진 같은 추억의 물건들을 한 박스당 한 종류씩 수납한다.

커튼에 가려진 오른쪽 끝 공간 수납

이곳은 좀처럼 손이 가지 않는 공간. 높이를 조절할 수 있는 선반 가구를 설치하여 오랫동안 간직하고 싶은 자료를 보관하도록 하자. 보조 노트북도 가구 상단에 딱 들어간다.

선반의 방향도 꺼내기 쉽게 조절한다

높이와 깊이는 같은데 폭 사이즈가 다른 두 선반 가구를 전후로 배치했다. 안쪽 선반 가구는 꺼내기 쉽도록 옆으로 돌려 자리를 잡았다. 앞쪽 가구 옆에는 후크를 달아 남편의 모자를 걸고, 경질 펄프 박스 · 뚜껑식 · 얇은형 · 하프 (p.26-10)에는 새 지폐나 축의금 봉투 등 경조사와 관련된 물건을 두었다. 각형 바스켓 · L(p.26-13)에는 시즌이 지난 옷이나 장신구 소품을, PP 케이스 · 서랍식 · 하프 · 깊은형에는(p.23-14) 남편의 선글라스 등을 넣었다.

사용 설명서는 모아두자
각종 생활용품의 사용 설명서는 바인더 포켓 파일에 넣었다. 주방가전, PC 관련 제품 등 장르를 나누어 한 포켓에 설명서와 보증서를 세트로 보관한다. p.165

편지지와 봉투는 세트로 수납한다
편지 쓰는 데 필요한 아이템은 봉투, 편지지, 카드 등으로 분류하여 클리어 파일에 한 포켓씩 넣어 수납한다. p.165

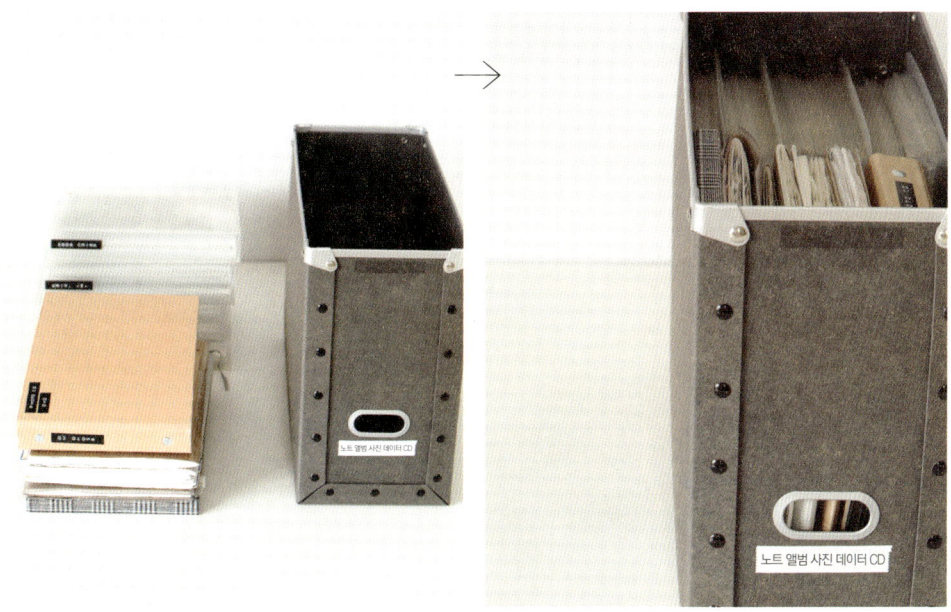

기존의 것을 그대로 활용한다

부엌에서 식재 수납장으로 사용하던 경질 펄프·파일 박스에 학창 시절 앨범이나 사진 데이터 CD를 함께 넣었다. **p.26-11**

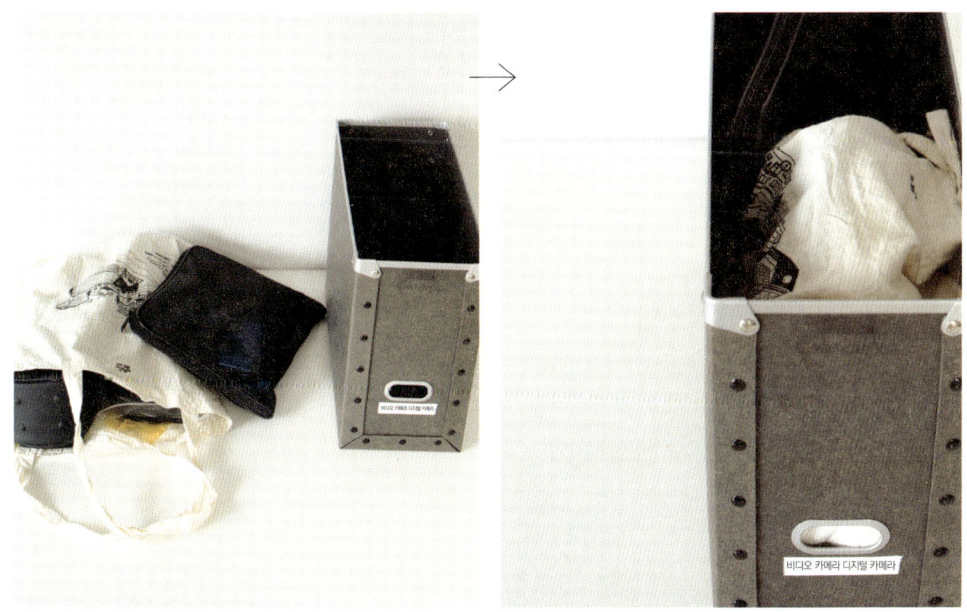

잡다한 부속품은 한 세트로 만든다

코드나 충전기 등 부속품이 많은 비디오카메라는 한데 모아 관리한다. 천 가방에 넣어두면 한 번에 꺼낼 수 있다. **p.26-11**

적정 사이즈의 케이스나 칸막이는 옷 정리의 필수 도구

내 옷을 정리하는 클로젯 케이스다. 서랍에는 접어 넣어도 상관없는 티셔츠나 캐미솔, 레깅스 등을 넣었다.
내용물이 한눈에 보이도록 세워서 수납했다.

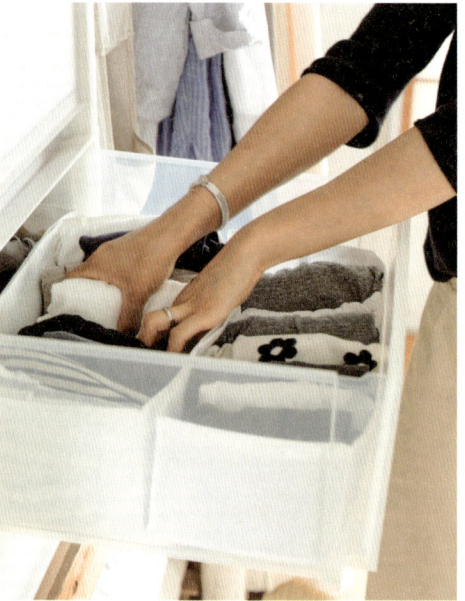

종류와 양을 한눈에 볼 수 있다

케이스 안은 수납용 구분 케이스 p.23-01, 02로 구분한다. 옷의 양을 파악할 수 있어 조금이라도 늘면 처분하는 방법을 택해 과소비를 하지 않게 되었다. 티셔츠나 이너웨어는 겨울용, 여름용으로 나누어 두면 앞뒤로 바꾸기만 해도 시즌별 옷 정리가 끝난다. 클로젯 케이스·서랍식, 수납 케이스·가로 와이드와 특히 잘 어울리고 L·M·S 3가지 크기 중에서 고를 수 있다.

티셔츠는 돌돌 말아서 넣는다

한 번 접은 티셔츠를 끝에서부터 말아 원형으로 만들면 케이스 높이와 같은 사이즈가 된다. 파일 박스에 꽂아서 세워두면 정리가 서툰 사람이 사용해도 흐트러지지 않는다.

옷 크기에 따라 케이스 높이를 고른다

사이즈가 큰 남편 옷은 키가 큰 타입의 수납 케이스·깊은형에 넣었다. 티셔츠, 바지 등 하나의 서랍에 한 가지 아이템만 넣는 방식으로 심플하게 구분했다. 이렇게 하면 남편 혼자서도 쉽게 정리할 수 있다. **p.22-06**

허공에 매달아 수납하는 3단 주머니

약간의 틈, 버려지기 십상인 공간을 이용해 소품 수납 장소를 만들었다. 세로로 긴 공간을 활용할 수 있는 수납용품을 사용해 알뜰하게 수납했다.

소품은 매달아서 수납한다
소품 홀더를 매달아서 상단에는 벨트, 중·하단에는 나와 남편의 양말을 넣었다. 커튼을 살짝 열면 꺼낼 수 있는 편리한 위치다. p.24-11

미용 관련 물품을 놓는 장소로 사용한디
소품 홀더 아래 공간에는 데오도런트 용품이나 보디 젤을 넣은 라탄 박스를 두었다. p.26-14

바닥의 물건은 최소한으로 줄여야 청소가 쉽다

침실은 청소기를 돌리기 쉽도록 작은 큐브형 가구만을 놓고 그 위에 시계, 전등, 아로마 디퓨저 **p.165**를 두었다. 서랍에 들어가지 않는 긴 옷 등은 데코 우드에 걸어서 보이게 수납했다.

향기로 릴랙스 타임을 즐긴다

라탄 박스에는 민트 등의 에센셜 오일과 릴랙스&아로마 아이템을 넣었다. 정리 박스로 구분해 두는 것이 포인트. **p.165, p.23-09, p.26-14**

가급적 키가 높은 가구는 피하고 하얀 벽이 시원하게 보이도록 가구를 배치해 시각적으로 넓어 보이도록 연출했다. 펄프 박스는 모던한 분위기를 주는 편이라 인테리어 소재로 사용하고 있다.

LIVING & HOME OFFICE

거실에는 거실용 물건만 둔다

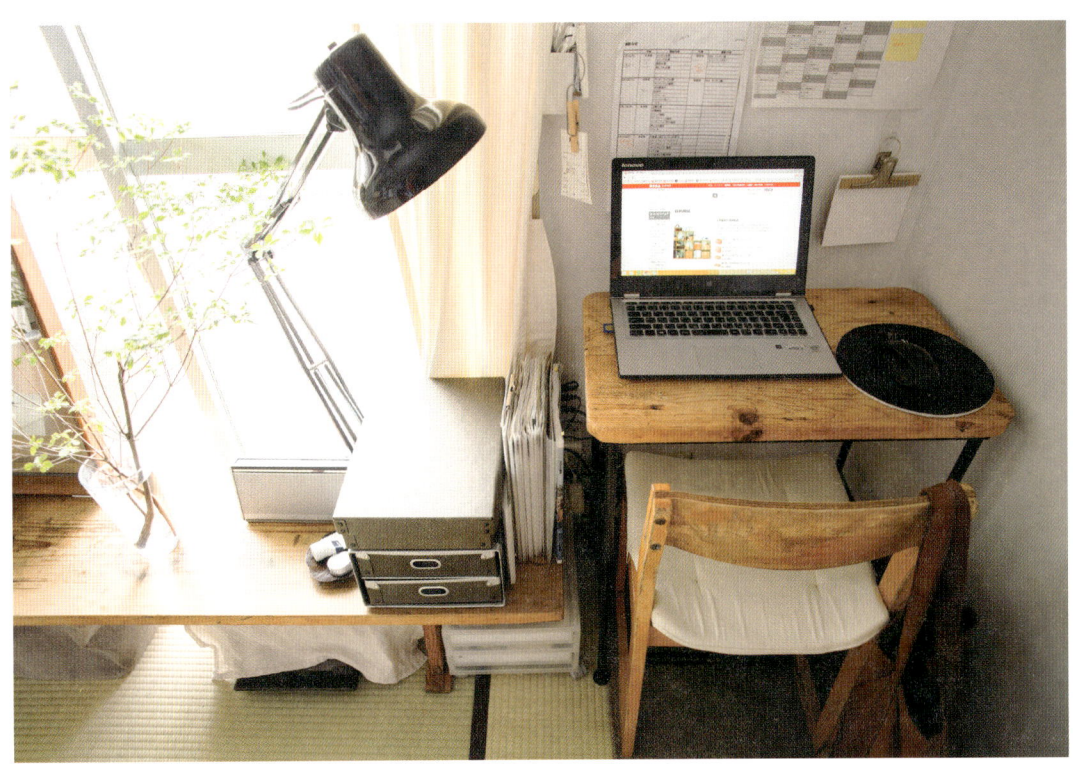

거실에서 사용하는 물건은 소파와 사무용 책상 주변에 대부분 정리되어 있다.

낡은 사택의 3평짜리 공간. 식사를 하거나 일을 하고, 소파에서 음악을 들으면서 독서를 즐기는 등 하루 중 가장 많은 시간을 보내는 곳이 바로 거실이다.

여기서는 마음을 편안하게 하는 것이 가장 중요하다. 거실은 물건이 많아질 수밖에 없는 공간이지만, 잡다한 물건으로 어지럽혀지지 않도록 자주 쓰는 물건만 수납한다. 무인양품의 수납용품은 디자인이 튀지 않아서 낡은 가구와도 잘 어울려 편안한 공간을 연출하는 데 도움을 준다.

그리고 각 물건이 제자리에 수납되어 있어 필요하면 앉은 상태에서, 혹은 두세 걸음만 옮겨도 꺼낼 수 있다. '하려는 일을 기분 좋게 시작할 수 있도록 정리해 두자'고 매일 다짐한다.

작지만 소중한 나의 작업 공간!

거실 구석의 한 평 남짓한 공간이지만 업무에 필요한 컴퓨터, 프린터, 서류, 문구류를 오밀조밀 놓아두었다.

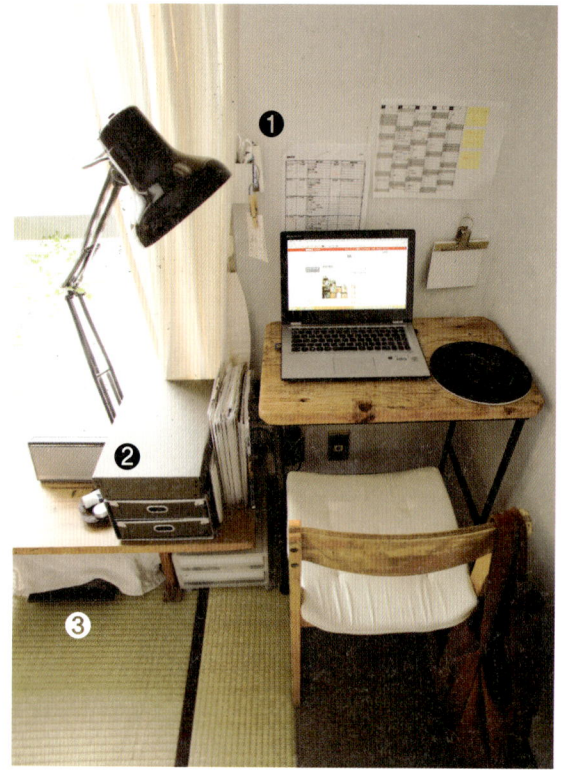

사방팔방 최대한 활용하자

❶ 노트북을 열면 다른 물건을 둘 여유가 없다! 그래서 자주 쓰는 펜이나 가위를 넣은 연필꽂이는 책상 옆 창틀에 부착해 공중에서 꺼낼 수 있도록 했다.

❷ 책상 옆 경질 펄프 박스 · 서랍식 · 2단 **p.26—09** 서랍에는 문구류나 명함, 서류 등 사무용품을 두었다. 바퀴 달린 서랍의 상단은 남편 전용 공간. 남편의 물건이 돌아다니면 여기에 넣어둔다.

❸ 프린터에는 양면테이프로 보조 바퀴를 달아서 기동성을 좋게 했다. 청소기를 돌리기도 쉽다.

책상 주변에도 역시 책상에 필요한 물건만 따로 모은다

손에 잡히는 대로 서랍 속에 넣어 두는 행동을 경계할 것! 정리하기도, 찾아 쓰기도 복잡해지니까!

장소가 정해지지 않은 것들은 임시 보관한다

아직 장소가 정해지지 않았거나 정리하는 데 생각이 좀 필요한 것들은 일단 이 상자에 넣는다. 월 1~2회 정리하여 처리한다. p.26-07

관리하는 양을 정해 둔다

서류는 파일링하여 수납 스탠드에 넣어둔다. 남은 것들은 정리한다. p.25-04

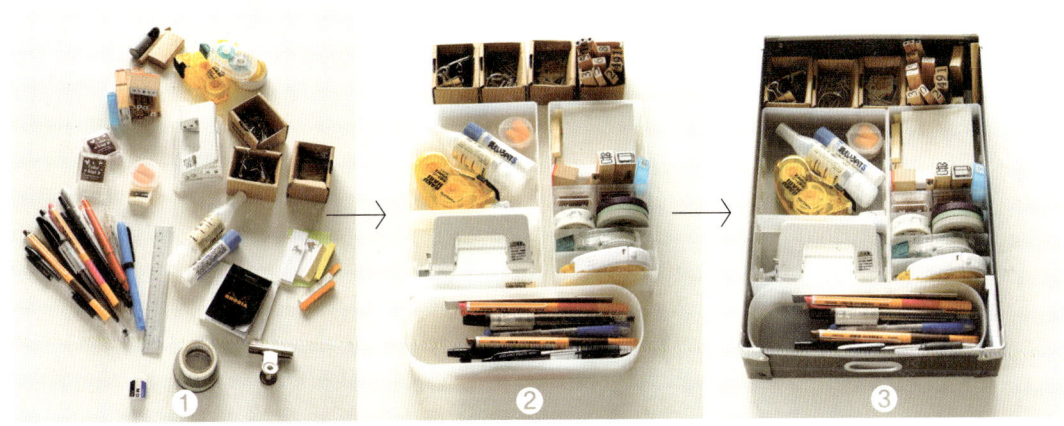

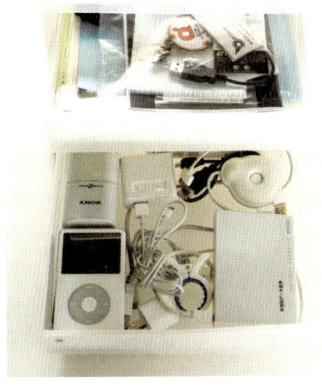

남편 전용 공간을 만든다

캐스터 p.165를 부착한 PP 케이스·서랍식·얕은형·2단은 남편 전용 공간이다. 남편에게 온 DM이나 편지는 이 서랍에 넣어둔다. 하단에는 컴퓨터나 휴대전화 관련 용품을 넣는다. p.22-11

문구류는 필요한 것만!

❶ 문구류는 나도 모르는 사이 점점 늘어난다. 더 이상 넣을 곳이 없어지기 전에 모두 꺼내서 사용 빈도를 확인한다. 쓰지 않는 것은 처분하고 남은 것은 펜, 툴, 소모품 등으로 분류한다. ❷ 관리하기 쉽고, 필요할 때 간단히 꺼낼 수 있도록 정리 트레이로 구획을 나눈다. 칸막이로 수정 테이프, 스탬프 등도 세워서 수납한다. ❸ 자주 쓰는 물건은 서랍 앞쪽에 두어 꺼내기 쉽도록 한다. p.23-10, 11, p.24-07

의외의 숨은 공간을 활용하면 눈도 마음도 즐겁다

커튼레일 위에는 거실 장식품을 둔다. 테이프로 다리를 고정한 프레임 카드는 가끔 바꿔 끼운다.

벤치 테이블은 온라인 쇼핑몰에서 구입했다. 오래 사용해 온 듯 친근한 느낌을 주는 낡은 가구다.

화려하지는 않아도 정감을 주는 물건들

벽걸이 가구·상자(p.26-02)를 벽면에 세팅했다. 다 읽고 나서도 틈틈이 보고 싶은 책이나 잡지를 꽂아두고, 가구 위쪽에는 액세서리나 방향제 아이템을 올려놓았다.

호평이 많았던 우수 아이템
벨루어 칸막이를 넣은 아크릴 케이스. 소중한 액세서리를 수납한다. 넣고 빼기 편하도록 크게 2칸으로 나뉜 것을 사용한다. p.25-08, 14

벤치 테이블 위에 큰 거울을 두어 화장대처럼 쓴다. 긴 액세서리는 데코 우드에 후크를 부착한 뒤 걸어둔다. 꽃이나 풀은 생활에 활력을 준다.

소파에서 일어나지 않고 필요한 물건을 집을 수 있게!

소파 팔걸이 위에 나무 상자를 세워 책장 같은 느낌을 주었다. 지금 읽고 싶은 책이나 잡지는 여기에 둔다. 항상 눈에 띄기 때문에 읽을 기회도 훨씬 많아진다.

눈에 쉽게 띄면 꺼내보기 마련이다

나무 상자 옆쪽에는 나사를 활용해 에어컨용 리모컨 포켓을 달았다. 툭하면 없어지는 리모컨 거치대 자리로 안성맞춤이다. 라탄 박스에는 읽다 만 책과 기분 전환용 룸 스프레이를 두었다.

움직일 필요 없는 스톱 모션 수납법

소파 테이블은 식탁, 화장대, 사무용 책상 등 여러 용도로 사용된다. 테이블 밑의 선반에는 소파 테이블에서만 사용하는 물건을 둔다. 작은 거실에서는 이 선반이 소중한 수납공간이 된다.

정리하는 데 드는 품은 최소한으로

❶ 나무 상자에는 손톱깎이, 코털 제거기, 세안 시트 등 생각나면 바로 쓸 수 있게 그루밍 용품을 모아둔다.

❷ 노트북은 쓰고 나면 여기에 넣고 천으로 덮는다.

식사나 티타임에 대비

❸ 컵 받침이나 냄비 받침, 천은 나무 상자에 넣어둔다. 주방에 두는 것보다 여기에 두는 게 정리 시간을 줄여준다.

조건만 맞는다면 세탁실 랙을 고려 중인 분들에게 이 유닛 선반을 추천한다.
지금까지 이렇게 아름답고 기능성이 탁월한 물건은 없었다!

LAUNDRY

세탁실에 선 채 한 발도 움직이지 않고 일을 끝낸다

우리 집은 평수가 작아서 세탁실이 따로 없다. 현관문을 열고 들어서면 세탁기가 가장 먼저 반겨주는 형국이다. 그러니까 세탁실 살림이 한눈에 다 보이는 구조인 셈이다. 더구나 세면대와 욕실로 이어지는 공간에도 수납장이나 붙박이장이 따로 없어서 수건조차 정리해 둘 공간이 없다. 이런 문제점을 해소하기 위해 외관과 기능을 동시에 해결하는 데 초점을 맞췄다. 우선 이 공간에서 사용하는 아이템은 모두 흰색으로 통일하고, 눈에 거치적거리는 것을 최소화하여 되도록 깔끔하게 보이도록 정리했다. 기능 면에서는 활용성이 매우 뛰어나고 필요에 따라 빈틈없이 조합할 수 있는 유닛 선반을 선택했다. 늘 쓰는 세제는 손만 뻗으면 언제라도 쉽게 잡히도록 배치하고, 세탁을 마친 뒤 보송하게 마른 속옷은 행어에서 빼는 그 순간, 바로 앞쪽의 케이스에 집어넣으면 끝. 이곳에서 한 발자국도 움직이지 않고 일련의 작업이 완료되는 이 시스템은 시간을 유용하게 쓸 수 있도록 도와준다.

편의에 맞춘 세탁실 랙은 활용성이 최고

세탁, 세면, 목욕 후에 필요한 물건은 모두 여기에 정리한다. 유닛 선반은 후크를 걸 곳도 많고 물건을 걸어놓기에도 편리하다.
속옷을 넣어둔 3개의 PP 케이스(p.22-12, 13)는 전면에 하얀 플라스틱 보드를 넣어 내부가 보이지 않게 했다.
상단의 천 소재 박스(스테인 프루프 바스켓)는 화장지나 욕실용품 등의 재고를 넣는 데 사용한다. 차가운 느낌의 스테인리스와
화이트 컬러를 사용하여 스타일리시한 공간을 완성했다.

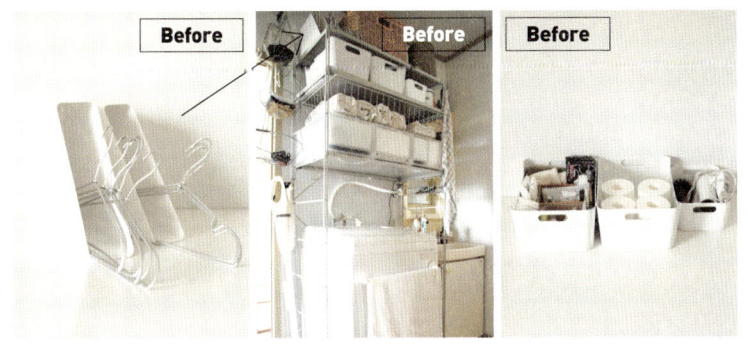

예전에는 스틸 선반을 사용했지만 현재 수납 방법은 이 랙을 기본으로 하여 수납 아이디어를 더하는 방식이다. 스테인리스로 바꾼 후 집에 들어올 때마다 '역시 괜찮네!' 혼잣말을 하며 스스로 만족하는 중이다.

SUS 선반 · 추가용 측판 · L×2, SUS 선반 · 추가 선반 · 스테인리스 · 84cm×3, SUS 선반 · 측판 보강 부속 · 84cm, SUS 선반 · 와이어 바스켓 · 84cm, 크로스 바 · L×2, 와이어 바스켓 · 2×2, PP 케이스 · 서랍식 · 깊은형×2, PP 케이스 · 서랍식 · 깊은형 · 2개(칸막이 추가) / 합계 620,000원.

세탁물은 하나의 동선 안에서 완성
집게가 달린 사각형 행어는 랙 옆에 걸어두었다가 바로 세탁물을 걸어 베란다로 가져간다. 세탁물이 마르면 걷어내고 다시 제자리에 걸어둔다. 행어 옆에 걸려 있는 것은 무선 청소기다.

박스 안의 물건을 파악할 수 있어야 한다

랙 위 선반에 와이어 바스켓 p.27-01을 두 개 두었다. 한쪽에는 휴대용 티슈나 여행 용품을 정리하고, 다른 한쪽에는 여분의 분말 세제나 화장품을 수납한다. 먼지가 쌓이지 않아서 좋은 메이크 박스 뚜껑식 p.24-01, 02은 지저분한 부분을 가려줄뿐더러 반투명으로 물건의 존재감을 느낄 수 있다.

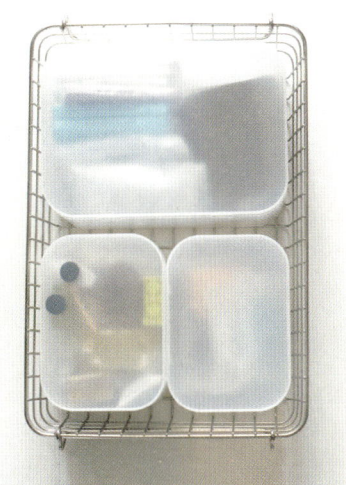

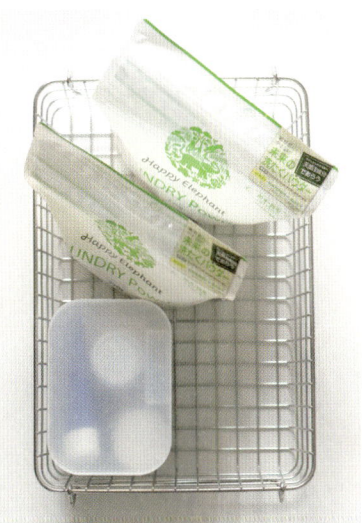

랙의 옆 부분도 활용하자

파일 박스에 넣어둔 옷걸이 p.165는 세탁기 옆에 S자 후크 p.27-12를 이용해 걸었다. 필요할 때마다 금방 찾을 수 있어서 편리하다. 화려한 포장이 거슬리는 표백제나 섬유 유연제는 하얀 병에 담아두었다.

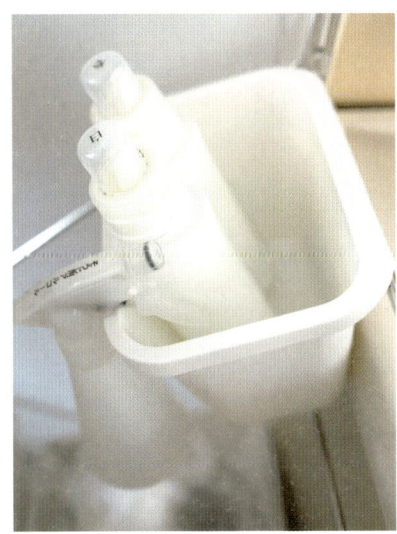
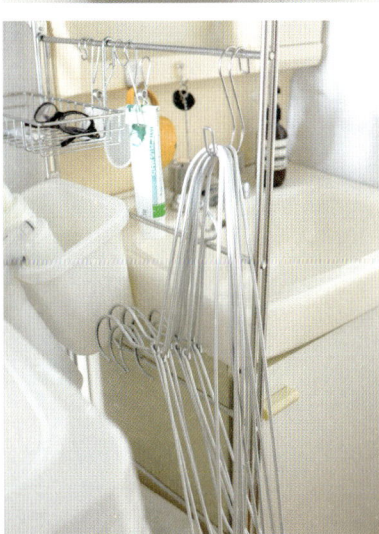

사소하지만 활력을 주는 그린 라이프.

올려두는 물건은 최소한으로 줄여 깔끔하게 보이도록 한다.

SANITARY ROOMS

감추는 수납으로 정리한다

세면대, 욕실, 화장실 등은 물건은 많은 데 비해 수납공간이 너무 좁거나 거의 없는 편이다. 물건이 많아지면 지저분해 보이기 십상이다. 집 안에서도 특히 청결을 유지해야 하는 곳인 만큼 한정된 공간을 최대한 활용하도록 고민할 필요가 있다.

얼마나 효율적으로 수납 가능한지, 넣고 꺼내기는 쉬운지, 청소하기 쉬운지 등등… 시행착오를 거치면서 조금씩 욕실의 감추는 수납법을 완성했다. 수납용품으로 공간을 구분한 세면대 아래 수납법이나 클립을 이용한 걸이식 수납, 화장실의 간이 선반에 주목하자. 필요한 물건의 자리가 정해지고, 좁은 공간에 약간의 여유가 생겨서 식물을 하나 놓았더니 공기가 맑아졌다.

'놓아두기'보다 '매달아두기'로 활용성을 높이자

치약은 와이어 클립으로 세탁실 랙에 걸어둔다. 쓸 때는 클립을 집은 채 사용한다.
꺼내기 편하고 장소도 차지하지 않는 데다 젖어도 빨리 마른다.

간단하게 청소하기도 쉽다.
멜라민 스펀지도 와이어 클립에 끼워 걸어둔다. 필요할 때 금방 쓸 수 있어 깨끗한 세면대를 유지할 수 있다.
p.27-11

필요할 때 바로 찾아 쓸 수 있다
랙에 트레이를 세팅하여 콘택트렌즈를 빼고 바로 쓸 수 있도록 안경을 두었다. 장소가 협소하다 보니 허공의 빈 공간을 활용하는 묘미도 있다.

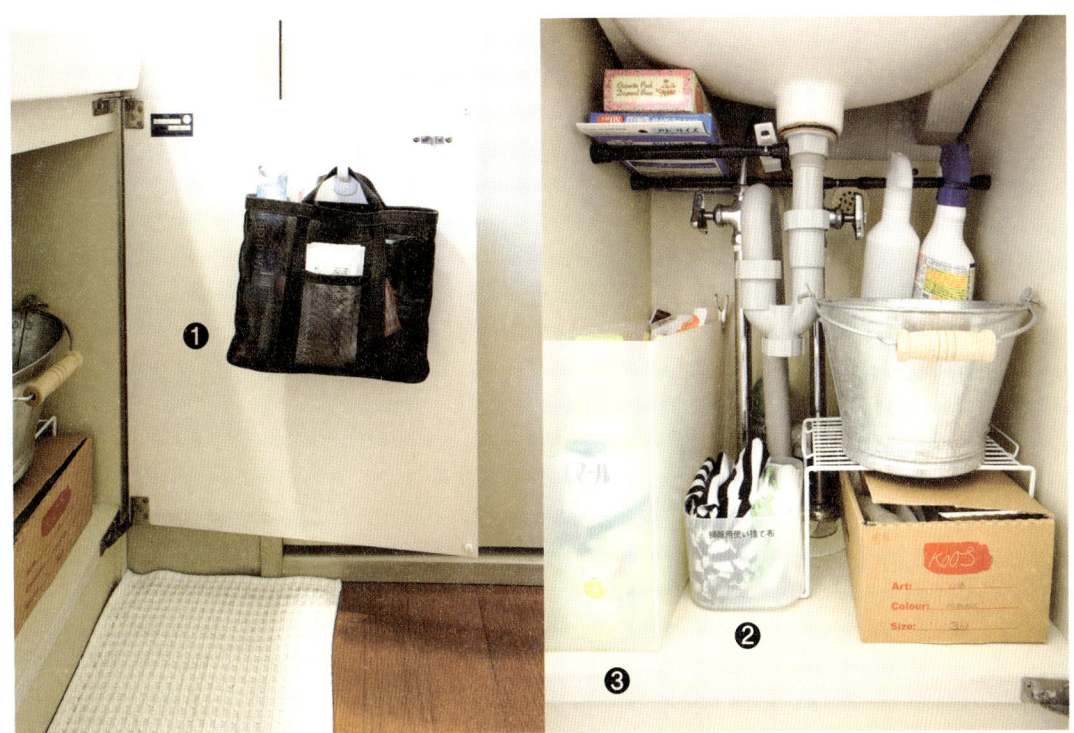

세면대 아래 수납공간. ㄷ자 랙으로 수납공간을 늘리고, 받침용 봉으로 데드 스페이스를 활용했다. 메이크 박스, 파일 박스로 여분의 물건 등을 수납하고, 문 안쪽에는 그물 백을 걸어 자잘한 물건을 정리했다.

❶ **포켓 등을 이용해 수납한다**

콘택트렌즈 등 쓰고 남은 물건, 헤어 케어 제품, 헤어 액세서리, 메이크 브러시 등 형태와 사이즈가 다양한 자잘한 물건들은 포켓이나 주머니 등에 넣어 한곳에 모은다. 아이템별로 모아서 주머니에 담은 뒤 문짝 안쪽에 건다.

❸

❷ **욕실 청소 등에 사용하는 걸레**

오래 입은 티셔츠 등은 작게 잘라서 1회용 걸레로 재활용한다. 적당히 접어 쉽게 꺼내 쓸 수 있도록 뚜껑이 없는 메이크 박스에 정리한다. p.24-05

박스를 정해 여분의 물건을 정리한다

파일 박스에 쓰고 남은 섬유유연제 등 세제를 넣어둔다. 이때 박스가 넘치지 않도록 하는 것이 포인트. 미리 박스에 넣을 양을 정해 두고 넘치지 않도록 계획 구매한다. p.23-05

독립된 공간을 만들어 특별하게 관리한다

물건의 자리를 정해 둔다
가짓수가 많은 목욕용품은 제자리를 정해 둬야 뒤섞이지 않는다. 욕실 바닥에는 물건을 두기 찝찝하므로 물이 잘 빠지는 보틀 랙이 필요하다.

틈새를 활용한 나무 선반 한 장이 의외의 기능을 발휘한다
정화조 뒤쪽에 받침 봉을 설치하니 간이 선반과 세제를 둘 곳이 생겼다. 식물이나 미니 달력을 놓고, 걸어둔 천 주머니에는 욕실용 리필 제품을 넣어두었다.

눅눅하고 지저분해지기 쉬운 욕실. 하지만 쾌적하게 유지할 수 있는 소소한 방법들이 있다.

한 주간 일정을 꼼꼼히 확인한다
빈 벽면에는 일주일 스케줄 표를 붙여 놓는다. 메모용 볼펜을 칫솔 꽂이에 꽂아두면 더할 나위 없는 사적인 공간이 탄생한다.

물기가 빨리 마르도록 하는 것이 우선
보디 타월이나 청소용 스펀지, 세제는 간이 행어에 걸어둔다. 세안제는 와이어 클립으로 집어서 걸어두면 또 하나의 공간이 덤으로 생긴다. p.27-11

가리개를 설치해 살림이 보이지 않도록 한다

현관에서 바로 보이는 배수 시설을 감추기 위해 커튼을 달았다. 탈의실이 따로 없으므로 이 커튼이 두 가지 기능을 동시에 한다.

좋아하는 향기로 릴랙스 타임!
아로마 램프에서 은은하게 퍼져 나오는 민트 향. 민트 향은 청결감을 줄 뿐만 아니라 기분까지 상쾌하게 해준다. **p.165**

ENTRANCE & STORAGE

자주 사용하는 그 장소가 바로 살림살이 자리다

수납장이라곤 벽장밖에 없는 우리 집에서는 천장까지 닿는 대용량 신발장과 베란다에 있는 반 평짜리 창고를 최대한 활용해야 한다.

신발장에는 당연히 신발을 넣어두지만, 공간의 반 정도에는 CD나 책, 생활용품을 수납한다. 남편이 수집한 방대한 양의 CD는 크기가 딱 맞는 박스에 넣어 선반에 둔다. 업무용 짐을 넣는 종이 가방도 신발장에 정리한다. 베란다 창고 문 안쪽에는 바깥 청소 도구나 이불 빨래집게 등을 수납하기에 제격이다. 이와 마찬가지로 현관문 안쪽도 집이나 자동차 열쇠, 빗자루와 쓰레받기 등 현관에서 필요한 물건을 걸어두는 장소로 활용한다. 자주 사용하는 그 장소가 바로 살림살이 자리인 셈이다. 필요한 물건을 사용할 바로 그 장소에 두는 수납법은 당연해 보이지만 의외로 잘 지켜지지 않는 방법 중 하나다.

집의 얼굴이라고 할 수 있는 현관을 항상 깨끗하게 유지하기 위해서 어떻게 수납해야 할지 늘 고민한다.

필요한 물건만 깔끔하게 수납하기 위한 고민

용량이 큰 신발장은 우리 부부의 신발을 넣고도 여유가 있어 다 읽은 책이나 만화책, 요즘은 듣지 않는 CD 등을 넣어둔다.
왼쪽 세로 한 열은 신발을 좋아하는 남편 전용 선반이다.

종이 가방을 두는 곳을 마련한다
외출할 때 종종 필요한 종이 가방은 오른쪽 끝 틈에 넣어두었다. 아크릴 칸막이를 부착하여 간이 선반을 만들고 쉽게 꺼낼 수 있도록 했다.

편리한 기능성 제품을 이용한다
철이 지났거나 자주 신지 않는 신발은 슈즈 홀더에 넣었다. 사용 빈도가 높은 신발을 슈즈 홀더 위에 두면 수납 양이 2배가 된다.

신발 관리 용품은 상자 하나로!
정장용 구두에 관심을 갖기 시작한 남편이 애용하는 슈즈 케어 용품. 가짓수가 많아 박스에 대강 모아 수납한다.

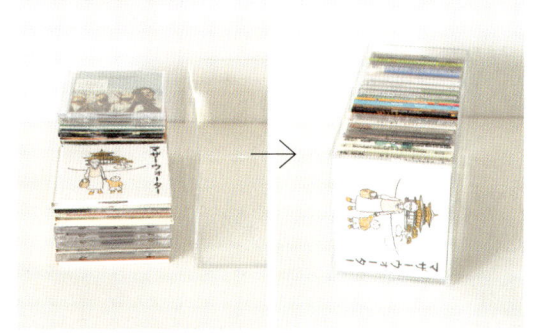

신발장에 딱 맞는 크기인 CD 박스
CD를 신발장 앞뒤로 2열로 배치하고, 앞쪽에는 박스를 놓는다. 박스를 옆으로 밀면 뒤쪽의 물건도 쉽게 꺼낼 수 있는 구조다. 수납 용품을 최소한 사용해도 충분하다. p.25-05

여유 공간에는 신발 이외의 것을 수납
꺼내기 어려운 상단에는 추억의 물건을 넣은 파일 박스p.165, 잡지, 앨범 등 큰 사이즈의 책을 넣는다. 중간은 문고본, CD를 정리하기에 제격이다. 가방에는 운동용 신발이나 운동복을 넣어두었다.

좋아하는 향기가 반겨준다는 것
신발장 위에 인테리어 방향제를 둔다. 현관문을 여는 순간 상쾌한 향이 반겨주어 기분까지 업그레이드된다. p.165

외출 시 허둥대지 않기 위한 특단의 조치들

집과 자동차 열쇠, 구두 주걱, 빗자루 등 현관에서 필요한 대부분의 물건을 현관문에 걸어놓았다. 편리하게 모두 한 번에 집을 수 있어 외출할 때 허둥대지 않고 준비할 수 있다.

❶, ❷ 필요한 물건을 바로바로 찾아 쓸 수 있다

거울은 외출 전 최종 확인을 할 수 있게 도와주는 고마운 아이템. 슬쩍 보기만 해도 오늘 내가 어떤 상태인지 금세 알 수 있다. 열쇠를 걸 때는 마그넷 후크가 제격이다. 자동차, 오토바이, 자전거 일러스트 스티커로 라벨링했다.

❸ 현관 바닥에 모래 먼지가 보이면 문에 걸려 있는 빗자루로 얼른 청소한다. **p.165**

현관 행어에 코트를 걸어둔다

집 안에서는 입을 일이 없는 코트는 현관에 걸어두자. 좁은 공간에서 어떻게 수납할지 고민하다 생각해 낸 것이 바로 이 봉이다. 벽 쪽에 봉을 설치하여 코트 걸이를 완성했다.

다 펼쳐놓으면 눈앞에 필요한 것이 나타난다

창고 공간의 대부분은 캠핑용 아웃도어 용품이 차지하고 있다. 크기가 큰 돗자리부터 자잘한 식기까지,
종류별로 대강 정리하여 수납 박스에 넣어두었다

필요하면 쓰세요

사용하지 않는 식기나 수납 용품, 선물 등 처분하고자 하는 물건들은 바구니에 넣어 일시적으로 보관하고 있다. 친구나 취재, 미팅으로 오신 분들에게 '쓸 만한 것이 있으면 가져 가세요' 하며 보여준다.

아웃도어 용품 정리함

원래 업무 도구를 넣어두던 밀폐 더스트 박스가 캠핑 용품 정리함으로 변신했다. 밀폐가 되어 있으므로 실외 수납에 적합하고, 아기 기저귀나 고양이 화장실 모래를 넣어두기에도 좋다. p.27-03

베란다 솔이나 이불 빨래집게, 쓰레받기 등 실외에서 사용하는 물건은 베란다 창고 문 안쪽에 걸어두었다. 문만 열면 필요한 물건이 바로 보이니 매우 편리하다. **p.165**

COLUMN 1

무인양품 아이템을 활용해 이미지 체인지

무인양품 제품으로 익숙해진 방 분위기를 산뜻하게 바꿔 보았다. 가구를 재배치하고, 소품 몇 가지 바꾸는 방법으로 평소와 다른 분위기를 연출하면 일상에 기분 좋은 자극을 준다.

Rearrange 1_ Home Office
집에 있어도 업무가 술술 풀리는 공간 만들기 프로젝트

거실 한켠이 홈 오피스로 변신
이 집의 불만을 하나 들자면 '일하기 편한 책상이 없다'는 것이다. 자료를 펼쳐가며 오랜 시간 컴퓨터와 마주해도 계속 집중할 수 있는 나만의 업무 공간을 갖고 싶다고 생각해 왔다. 그래서 용도가 정해져 있는 책상보다 언제든 부실을 바꾸면 수납장으로도 사용할 수 있는 유닛 선반을 택했다.

❶ **서랍** SUS 선반 · 추가용 측판 · MINI×2, SUS 선반 · 측판 보강 부속 · 84cm, 스틸 유닛 선반 · 박스 · 서랍 2단 / 합계 390,000원.
❷ **컴퓨터 데스크 & 선반** SUS 선반 세트 · 물푸레나무 · S, SUS 선반 · 추가용 측판 · S, SUS 선반 · 추가 선반 · 물푸레나무 · 84cm, SUS 선반 · 측판 보강 부속 · 84cm, SUS 선반 · 크로스 바 · L, 경질 펄프 박스 · 덮개식 · 얕은형, 경질 펄프 박스 · 서랍식 · 2단×2, 경질 펄프 박스 · 서랍식 · 깊은형, 워킹 체어(그레이) / 합계 387,000원(경질 펄프 박스, 워킹 체어 제외).

남편 전용 서랍
목제 서랍은 남편의 만화책 코너로 꾸며보았다. 책의 모서리 부분을 위로 오게 하여 세워두면 고르기 쉽다.

작업 공간과 수납을 동시에 해결한다
염원하던 컴퓨터 데스크 연결 선반은 높이가 비슷해 자료나 문구류를 펼치는 작업대로 활용할 수 있어서 편리하다.

Rearrange 2_ Bed Room

취침뿐 아니라 쉬는 장소로도 사용한다

침실은 잠자는 방뿐만 아니라 벽에 기대어 책을 읽거나 편하게 음악을 듣는 등 쉬는 공간으로도 사용하고 싶었다. 이 같은 바람을 가로세로 어느 쪽으로도 사용 가능한 나무 선반을 들여놓아 해결했다. 서랍에 넣어둔 아로마 오일을 꺼내 디퓨저에 몇 방울 떨어뜨려 휴식 시간을 갖곤 한다.

소가구 하나가 부실의 용도를 다양하게 변화시킨다

수납 선반·2단(기본 세트)·떡갈나무·폭42×깊이 28.5×높이81.5cm, 중첩식서랍·4단 / 합계 238,000원
칸막이 판·M, 초음파 아로마 디퓨저 **p.165**

BEST ITEM

내가 애용하는 [무인양품] 수납 아이템
우리 집에서 사용 빈도가 높은 상품을 소개합니다

1

PP 케이스 · 서랍식 · 깊은형

폭26×깊이37×높이17.5cm / 23,000원

그야말로 '수납' 전용 아이템이다. 어디에 두어도 무난한 크기, 수납을 넉넉하게 할 수 있는 것이 장점이다. 우리 집에서는 세탁실 랙 선반에 두고 속옷 서랍으로 쓰거나 부엌에 있는 오픈 랙에 넣어두고 소품을 수납하거나 싱크대 아래에 도시락 용품을 정리하는 데 쓰는 등 집 안 곳곳에서 다양하게 활약하고 있다.

2

경질 펄프 박스 · 서랍식 · 2단

폭25.5×깊이36×높이16cm · 내하중 1.5kg / 가격 미정

모던한 느낌과 함께 사무실 같은 분위기를 좋아하는 내 취향에 딱 맞는 아이템. 종이 재질임에도 튼튼하고, 여러 개 늘어놓으면 존재감이 살아나 더욱 멋스럽다. 수납용품이지만 실용과 장식을 더한 소품 같은 인테리어 아이템이다.

3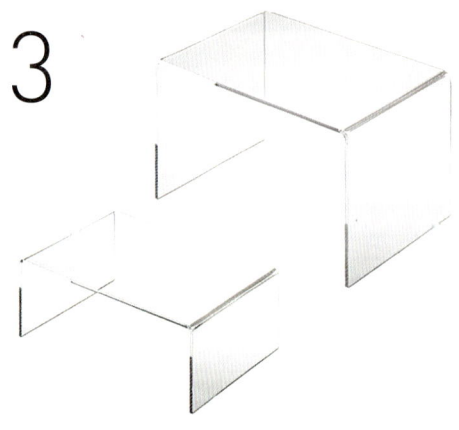

선반 파티션

L 폭26×깊이17.5×높이10cm / 9,000원
XL 폭26×깊이17.5×높이16cm / 10,000원

ㄷ자형 칸막이 선반은 싱크대 위의 수납 양을 늘리는 데 사용한다. 단에 차이를 누면 아래위에 둔 물건을 꺼내기 쉽다. 게다가 투명해서 시야를 가리지 않고, 선반 아래에서 올려다봐도 무엇이 있는지 쉽게 알 수 있다.

*가격은 모두 세금 포함.

라벨링 작업으로 더욱 편리하게!

아무리 수납을 잘해도 어디에 무엇을 넣었는지 잊어버린다면 수납 시스템은 소용이 없어진다. 이를 방지하는 데는 라벨링이 큰 도움을 준다. 수납 장소를 정했다면 내용물을 표시한 라벨을 붙여 한눈에 파악할 수 있도록 하자. 잠깐의 수고를 들이면 물건을 찾는 스트레스로부터 해방되고, 다른 가족들도 헷갈리지 않고 꺼낼 수 있다.

라벨링 필수품 테플러는 라벨을 만들 때 필수품이다. 글씨체를 통일할 수 있어 손글씨보다 확인하기 좋고 누가 보아도 한눈에 바로 알 수 있는 것이 장점.

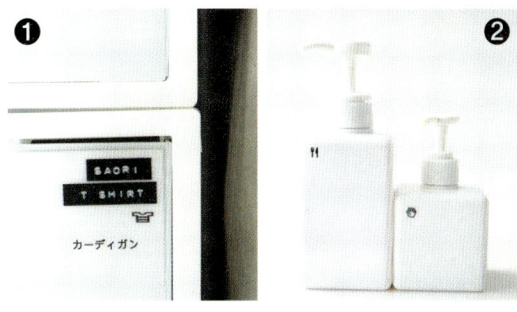

테플러 & 다이모 ❶ 테플러 투명 라벨은 PP 케이스 재질에 어울리고, 마치 프린트한 느낌을 준다. 울퉁불퉁한 엠보싱 가공이 멋스러운 다이모 라벨은 사무적인 느낌이다. ❷ 그림이나 도표를 사용한 아이콘을 쓰면 글자를 읽지 못하는 아이들도 스스로 정리할 수 있다.

사진 장난감을 넣는 박스에는 100엔 숍에서 구입할 수 있는 라미네이트 필름으로 싸서 붙여놓는다.

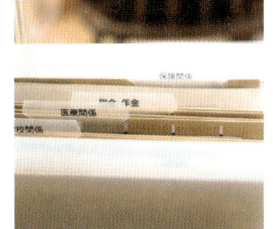

재생지 행잉 홀더에 테플러 투명 라벨로 라벨링했다. 종이에 직접 붙이는 경우에는 마스킹 테이프를 사용하면 쉽게 붙였다 뗄 수 있다.

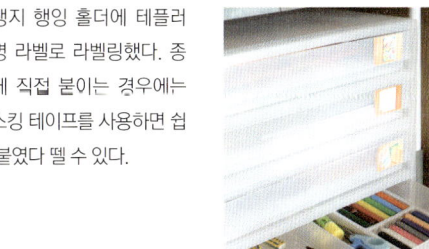

미니 사이즈로 프린트한 사진을 양면테이프를 활용해 PP 케이스에 붙여두면 내용물을 일목요연하게 확인할 수 있다. 아이들의 장난감이나 문구류 등 자잘한 물건 수납 표시에도 좋다.

태그 라벨을 붙일 수 없는 천으로 된 수납용품이나 바구니, 의류 커버 등에는 좋아하는 태그에 테플러 투명 라벨을 붙여 오리지널 태그를 만든다. 탈부착이 쉽도록 태그에 카드 링을 걸어두는 것도 편리한 방법.

111

PART
2

[무인양품]으로 부 실 별 수납 문제 해결!

SCENE 1

벽걸이 가구 · 데코 우드 · 폭 88cm, S자 후크 · S(3개) **p.26-05, p.27-13**

아이 용품은
아이 스스로
정리할 수 있게!

귀가 후 겉옷이나 가방을 스스로 정리하도록 하려면?

귀가 후 아이들이 자주 드나드는 거실 부근에 데코 우드를 설치해 겉옷이나 가방 걸이로 사용한다. 아이들 손이 닿는 높이에 설치하면 자연스럽게 스스로 정리한다. 후크를 걸어두면 모자나 가방도 쉽게 걸 수 있다. 이 후크는 뒤를 나사로 고정시켜도 좋다.

스스로 외출 준비를 하도록 하려면?

서랍 하나에 한 가지 아이템만 넣는다는 수납 규칙을 정한다. 그러면 '이게 없네, 저게 없어!'라며 찾지 않고 고를 수 있어 외출 준비 시간이 단축된다. 각 서랍 전면에는 내용물을 알 수 있게 라벨을 붙인다.

PP 케이스 · 서랍식 · 깊은형 · 2개 **p.22-12**

스스로 옷을 고르고 정리할 수 있는 추천 옷장은?

어린이용으로 디자인한 가구보다 용도에 맞춰 바꿔 사용할 수 있는 유닛 선반을 추천한다. 사진은 네 살배기 쌍둥이 전용 옷장 선반으로 부분만 조립한 것이다. 아이들 손이 닿는 위치에 봉을 설치하고 소품용 바스켓을 놓은 후, 보조 바퀴를 달아 이동이 쉽도록 한다. 아이들이 성장함에 따라 책장으로 바꿀 수도 있고, 서랍장을 늘려 옷장으로 쓸 수도 있다.
파트를 바꿔 끼우면 폭이나 높이를 조절할 수 있어 기호에 맞춰서 이리저리 변형, 다양한 조합을 직접 만들 수 있다.

스틸 유닛 선반 · 추가용 측면 · M×2, 추가용 목제 선반 · 폭56cm×2, 측면 보강 부품 · 폭56cm×깊이41cm, 추가용 천 바스켓 · 폭56cm, 옷걸이56cm, 크로스바 · S, 캐스터(4개) / 합계 208,900원

찾기 쉽고 정리하기 편한 장난감 수납법은?

아이들이 스스로 정리할 수 있도록 하려면 우선 수납 방법이 쉬워야 한다. 예를 들어 '휙~' 하고 던져 넣기만 해도 된다면 아이들도 간단하게 정리할 수 있다. '기차' '엄마놀이' '블록' 등 쉬운 규칙에 따라 분류해 각각의 자리를 만든다. 수납장은 가로세로 모두 사용할 수 있고 추가 구매할 수 있는 활용성 높은 수납 박스가 편리하다.

펄프 보드 박스·4단·A4사이즈(약 37.5×29×144cm) / 58,000원 ×2. 펄프 보드 박스용 서랍(약 34×27×34cm) / 12,000원×2. 펄프 보드 박스용 서랍·2단(약 34×27×34cm) / 24,000원×2. 펄프 보드 박스용 조인트 부속(2개 세트) / 3,000원

덮개가 없는 소프트 박스도 추천 아이템 중 하나. 박스 자체에 다소 신축성이 있으므로 내용물에 따라 수납하기 편리하다. 아이가 수납 내용을 알기 쉽도록 사진을 붙여 라벨링하면 더욱 효과적으로 정리할 수 있다.
소프트 박스·장방형·S·L **p.24-14, 12**

아이가 읽고 싶은 책을 직접 꺼낼 수 있게 하려면?

거실 등 아이가 많은 시간을 보내는 부실 한 벽면에 데코 보드를 달아 책을 디스플레이한다. 아이 눈에 자주 띄면 자연스레 책 읽을 기회가 많아진다. 그때그때 마음에 드는 책이나 도서관에서 빌려온 책을 골라 장식하듯 수납하면 독서 장려 효과도 있고, 재미도 있다.

벽걸이 가구 · 데코 우드 · 폭 44㎝ p.26-04

승용차 외출 시 뒷좌석이 지저분해지지 않게 하려면?

걸이형 세면용구 케이스가 편리하다. 차에서 자주 사용하는 기저귀나 아기용 물티슈, 비닐봉지, 선크림, 반창고 등 자잘한 물건을 수납하여 앞좌석 헤드레스트 거치대에 걸면 끝. 수납 도구의 원래 기능을 바꿔 보는 것도 아이디어 중 하나. 그대로 들어 옮길 수 있는 장점도 있다. 발수 나일론 · 걸이형 세면용구 케이스 · L(검정) p.27-07

부피 있는 인형을 수납하기 좋은 방법은?

큰 박스에 모아서 수납하는 것이 가장 좋다. 아무렇게나 넣을 수 있도록 덮개가 없는 것이 편리하다. 집어넣은 인형 모양에 따라 축소 가능한 면 소재 수납 박스가 제격이다.

소프트 박스 · 장방형 · L, 소프트 박스 · L p.24-15, 14

SCENE 2

거실 수납의 비책

방치하게 되는 우편물들은 어떻게 정리할까?

잘 보이는 선반 옆쪽, 양면테이프를 활용해 편지 스탠드를 부착해 임시로 넣어두자. 편지나 DM은 우편함에서 꺼내 집으로 가지고 올 때 '버릴 것과 보관할 것'을 분류한다. 버릴 것은 그대로 쓰레기통에 넣고 보관할 것은 처리할 때까지 이곳에 넣어두면 테이블 위를 깨끗하게 유지할 수 있다.

레터 스탠드 **p.25-01**

가족 공용품이 없어지지 않게 하려면?

서랍식 케이스에 아이템별로 수납한다. '펜·가위·풀', '손톱깎이·체온계' 등으로 분류한 뒤 내용물을 명확하게 적어두면 쉽게 찾아 쓰고 정리하기도 간단하다. 단 자주 사용하고, 필요한 것만 엄선해 둔다.

소품 수납 박스·6단 **p.23-16**

갈 곳 없는 약 봉투는 어떻게 하면 좋을까?

큰 아크릴 케이스에 수납하면 속이 보이므로 복용 시간을 기억하기 쉽다. 이때 알약은 1회 분씩 가위로 잘라 서랍에 넣으면 부피를 줄일 수 있고, 약이 여러 종류 있는 경우에는 따로따로 서랍에 보관하면 꺼내기 쉽다.

아크릴 케이스·3단 **p.25-03**

지난 신문을 임시 보관하는 방법은?

A4 사이즈가 그대로 들어가는 더스트 박스를 이용한다. 한 번 접은 신문이 딱 들어가는 크기로, 주간지를 잠깐 보관하는 데도 제격이다. 신문 읽는 장소 가까이 두는 것이 편리하다.

더스트 박스 · 사각형 **p.23-17**

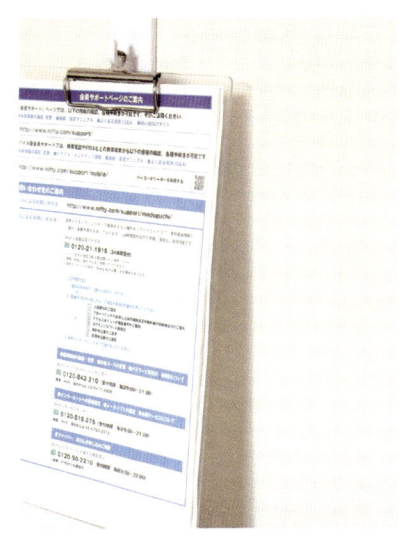

기한이 있는 서류, 마감일을 지키려면?

가까운 시일 내에 처리해야 하는 서류는 클립보드에 끼워 잘 보이는 곳에 둔다. 위에 링이 붙어 있어 벽에 걸 수 있기 때문에 장소도 차지하지 않고 항상 눈에 띄어 잊어버릴 염려도 없다.

클립보드 **p.25-11**

흩어지기 쉬운 부속품 보관법은?

코드나 금속도구 등은 종류별로, 전지는 사이즈별로 분류하여 봉투에 넣어 보관하자. 표면에 'AA 전지' 식으로 라벨을 붙여 누구나 쉽게 알 수 있게 하는 것이 중요하다.

구분 주머니(4사이즈 · 11장) **p.165**

진찰권 등의 수납법은?

통장이나 여권 같은 수첩 사이즈의 귀중품은 그물 케이스에, 카드나 진찰권 등은 카드 홀더에 넣어 서랍식 박스에 넣는다. 파우치도 홀더도 내용물을 쉽게 알 수 있는 것으로 한다.

나일론 메시 하드 케이스 · L(검정), 카드 홀더 · 3단(60매용, 사이드 수납), 경질 펄프 박스 · 서랍식 · 깊은형 **p.165, p.26-06**

SCENE 3

식 재 료 및 주 방 도 구 의 맞 춤 수 납 법

시스템 키친의 하이 타입 서랍을 제대로 활용하려면?

하이 타입 서랍에는 길쭉한 병의 조미료나 식재료를 세워서 보관하자. 파일 박스에 수납하면 넘어지기 쉬운 것도 정리하기 편하고, 반투명이므로 내용물을 한눈에 확인할 수 있다. 심플한 사각형은 빈틈없이 배열할 수 있어 공간 활용도가 높은 것이 장점이다.

파일 박스 · 스탠다드 타입 · 와이드 · A4용 **p.23-06**, 파일 박스 · 스탠다드 타입 · A4용 **p.23-05**

조리 도구를 꺼내기 쉽게 수납하는 방법은?

뒤집개나 국자 등 길이가 긴 조리 도구들을 한데 수납하려면 중량이 있는 스탠드를 고르는 것이 중요하다. 무게 중심이 아래에 있는 자기 소재 스탠드는 넣고 빼기 쉽고 잘 넘어지지 않아서 좋다.

키친 툴 스탠드 p.27-09

모양과 크기가 제각각인 제과 용품은 어떻게 수납할까?

대용량 파일 박스라면 아무렇게나 모아서 수납하기 좋다. 앞에 구멍이 뚫려 있어서 손이 잘 닿지 않는 선반에 올려놔도 간단히 꺼낼 수 있다. 또한 재질이 투명해 내용물을 쉽게 확인할 수 있는 것도 장점.

파일 박스 · 스탠다드 타입 · 와이드 · A4용 p.23-06

오픈 키친에서 주방용 수건을 걸어 두려면?

젖은 손을 바로 닦을 수 있도록 싱크대 가까이에 두자. 싱크대와 가스레인지가 나란히 있는 경우에는 레인지 후드에 마그넷 후크를 걸어두면 편리하다. 통풍이 좋아 건조도 쉽게 된다.

후크 마그넷 타입 · S p.27-10

상온에서 보관하는 뿌리채소 등의 수납법은?

냉장고에 넣을 필요가 없는 감자나 양파, 마늘 등은 수납 박스에 넣어 주방이나 베란다의 어둡고 시원한 곳에 둔다. 종이 가방을 잘라 바구니처럼 상단을 안쪽으로 접어 넣으면 감자에 묻은 흙 때문에 박스가 더러워질 염려도 없다.

소프트 박스 · 장방형 · 하프 · S p.24-08

냉장고 문 쪽에 넣어둔 소량의 소스 보관법은?

핀치로 집어 냉장고 문에 매달아두면 잃어버리지 않고, 냉장고를 열면 바로 보이기 때문에 사용 기한을 넘길 염려도 없다.

와이어 클립 p.27-11

트레이나 접히지 않는 런천 매트 수납법은?

접히지 않는 런천 매트는 클립으로 집어 문 뒤나 손잡이 바에 걸어서 수납한다. 넣어두면 잘 쓰지 않으므로 눈에 보이는 곳에 둔다. 씻어서 건조하는 데는 걸어서 수납하는 것이 효과적이다. 주방 선반 틈이나 카운터 위에 수납 스탠드를 두어 쟁반이나 냄비 받침을 세워 수납한다. 깨끗한 아크릴 소재는 눈에 띄는 곳에 두어도 답답해 보이지 않는다.

와이어 클립 p.27-11, 타월 행거·흡판 타입 p.165   수납 스탠드·A5 사이즈 p.25-04

18-8 스테인리스 와이어 바스켓 2 p.27-01   직사각형 바스켓·S p.26-15

활용도가 높은 식기 수납법은?

자주 쓰는 식기일수록 오픈형으로 수납하면 정리가 쉽다. 낮고 넓은 형태의 와이어 바스켓은 머그컵이나 유리잔을 정리하는 데 제격이다. 차가운 질감에 심플한 디자인도 장점. 행주를 깔고 사용하면 식기에 흠집이 나지 않는다. 키가 낮은 라탄 바구니 역시 튼튼하고 오픈형이라 접시 등을 수납하기에 좋다. 미관상으로도 훌륭하므로 눈에 띄는 장소에 두고 활용하자. 접시 스탠드를 넣어 세워서 보관하면 필요한 것을 쉽게 꺼낼 수 있다.

붙박이장 &
옷장 속의 비밀

SCENE 4

옷장 안, 소품을 찾기 쉽게 수납하려면?

양말, 스타킹, 브래지어, 이너웨어, 손수건 등 작게 접을 수 있는 물건은 천 소재의 높이가 낮은 수납 박스가 적합하다. 가슴보다 높은 곳에 배치하거나 선반에 얹으면 서랍처럼 사용할 수 있다.
소프트 박스 · 장방형 · 하프 · S p.24-09

부피가 커서 넣기 힘든 니트는 어떻게 할까?

옷장 등 옷걸이 봉이 있는 곳이라면 걸이형 홀더를 추천한다. 스웨터나 무릎 담요 등 부피가 큰 겨울옷도 말아서 수납하면 찾기 쉽고 꺼내기도 간편하다.
가방 홀더 p.24-10

구겨지기 쉬운 모자는 어떻게 넣어둘까?

서랍이나 옷장 상단의 남는 공간에 봉(Pole) 2개를 평행으로 설치한다. 위쪽에는 구겨지기 쉬운 모자 등을 올려놓고, 야구 모자 등은 후크를 달아서 건다. 공간을 유용하게 쓸 수 있는 데다 한눈에 들어와 찾기도 쉽다.
스틸 어저스터 폴 · 얇은 형 · M · 실버 p.27-05

가방, 신발을 찾고 꺼내기 쉽게 수납하려면?

형태도 사이즈도 제각각이라 수납이 어려운 가방은 큰 와이어 바스켓에 모아두면, 형태도 유지되고 꺼내기도 쉽다. 와이어 바구니는 통기성이 좋아 습기 차기 쉬운 옷장에도 안성맞춤이다. 와이어 바스켓 6 p.27-02

토트백을 한눈에 볼 수 있게 수납하려면?

바닥에 놓기 어려운 백이나 토트백 등 사이즈가 큰 가방은 옷장 바에 S자 후크를 이용해 걸면 형태를 유지하며 보관하기 쉽다. '이런 가방도 갖고 있었네…' 하고 뒤늦게 발견하는 일도 줄어들 것이다. S자 후크 · L p.27-14

사이즈가 제각각인 아이 옷, 어떻게 넣어둘까?

여행용 아이템을 추천한다. 의상 케이스같이 접어서 수납할 수 있고 전면이 그물 형태로 되어 있어 무엇이 들어 있는지 한눈에 알 수 있다. '여름옷'이라는 메모가 그물 부분으로 보이도록 넣어둔다.

나일론 접이식 구분 케이스 · L **p.27-06**

잘 꺼내지 않는 물건을 간단하게 넣어두려면?

보자기가 편리하다. 철 지난 옷이나 사용 빈도가 낮은 물건은 싸서 수납한다. 쓰지 않을 때는 작게 접어두면 수납공간도 차지하지 않는다. 버릴까 고민 중인 옷을 잠깐 보관하기에도 좋다.

나일론 립스톱 보자기 · 네이비 **p.27-08**

철 지난 의류는 어떻게 보관하면 좋을까?

철 지난 옷이나 관혼상제용 의류 등 사용 빈도가 낮은 옷은 지퍼가 달린 의상 케이스에 수납하여 벽장이나 옷장 위쪽에 둔다. 가벼운 천 재질에 손잡이가 달린 케이스는 높은 곳에 두어도 꺼내기 쉽고, 면 소재 박스는 수납 양에 따라 신축이 가능하기 때문에 편리하다.
소프트 박스 · 의류 케이스 · L p.24-16

SCENE 5

서재의 책과 서류, 그 깜찍한 해결책

책이 점점 늘어나는데 적합한 책장을 추천한다면?

옆으로 쌓아서 사용할 수 있는 펄프 보드 박스는 양에 맞춰 가감할 수 있으므로 활용도가 높다. 슬림 사이즈에는 문고판 책을 전후 2열로 수납한다. 심플한 박스형이라 나중에 용도를 바꿔 사용해도 좋다.

펄프 보드 박스 · 슬림 · 5단(폭25×깊이29×높이180cm)/65,000원×3. 펄프 보드 박스 · 가로세로 A4사이즈 · 5단(폭37.5×깊이29×높이180cm)/70,000원×2. 펄프 보드 박스용 조인트 부속(2개 세트)/3,000원×3.

여러 앨범에 분산된 옛날 사진 관리법은?

모든 사진을 낱개로 모아 상자 하나에 관리하는 것이 좋다. 이때 사진을 한 방향으로 정리하여 박스에 넣어두면 앨범보다 훨씬 더 공간을 절약일 수 있다. 콤팩트하게 정리되면 근처에 두고 손쉽게 꺼내 볼 수 있다. 인덱스를 사진 크기로 잘라 끼워두면 시기나 인물별로 분류할 수 있다.

경질 펄프 박스 · 뚜껑식 · 깊은형 · 하프 **p.26-12**, 리필 인덱스 / (A5 사이즈 · 20홀 · 5개) **p.165**

매년 받는 연하장은 파일에 수납해야 할까?

일단 파일에 넣어두면 버릴 때 한 장씩 꺼내야 하므로 번거롭다. 작품처럼 넣어두고 싶다면 어쩔 수 없지만, 연하장을 파일링 하는 것은 추천하고 싶지 않다. 연도별로 고무줄이나 클립으로 모아 박스에 넣어두는 정도라면 관리가 쉬울 것이다.
아크릴 DVD 랙 · 박스 타입 **p.25-09**

서류를 찾기 쉽게 분류하는 방법은?

파일 박스에 전용 재생지 행잉 홀더를 걸쳐두면 '보험 관계' 등 여러 가지 서류를 분류하여 수납할 수 있다. 인덱스가 붙어 있어 라벨링도 간단하다. 홀더는 서류를 끼워 보관할 수 있어 필요한 항목만 꺼내기도 쉽다.
리필 인덱스 · (A4 · 5매) **p.165**, 파일 박스 **p.23-04**

명함을 편리하게 수납하려면?

명함이 점점 늘어나 관리가 힘들다면 칸막이 스탠드를 추천한다. 여기에 세워서 수납해 알 수 있게 분류해 두면 찾는 수고도 덜고 수납도 간단해진다.
아크릴 칸마이현 스탠드 · 하프 · 소 **p.25-06**

잡지, 신문에서 오려놓은 것은 어떻게 보관할까?

굳이 스크랩하지 말고 카테고리별로 분류하여 홀더에 끼워서 보관한다. 그래야 나중에 필요가 없어질 때 그 부분만 버릴 수 있어 편리하다. 그대로 파일 박스나 책장에 세워 두면 공간도 절약된다.
페이퍼 홀더(A4 · 5매입) **p.165**

SCENE
6

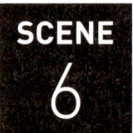

자나깨나 편리한 침실

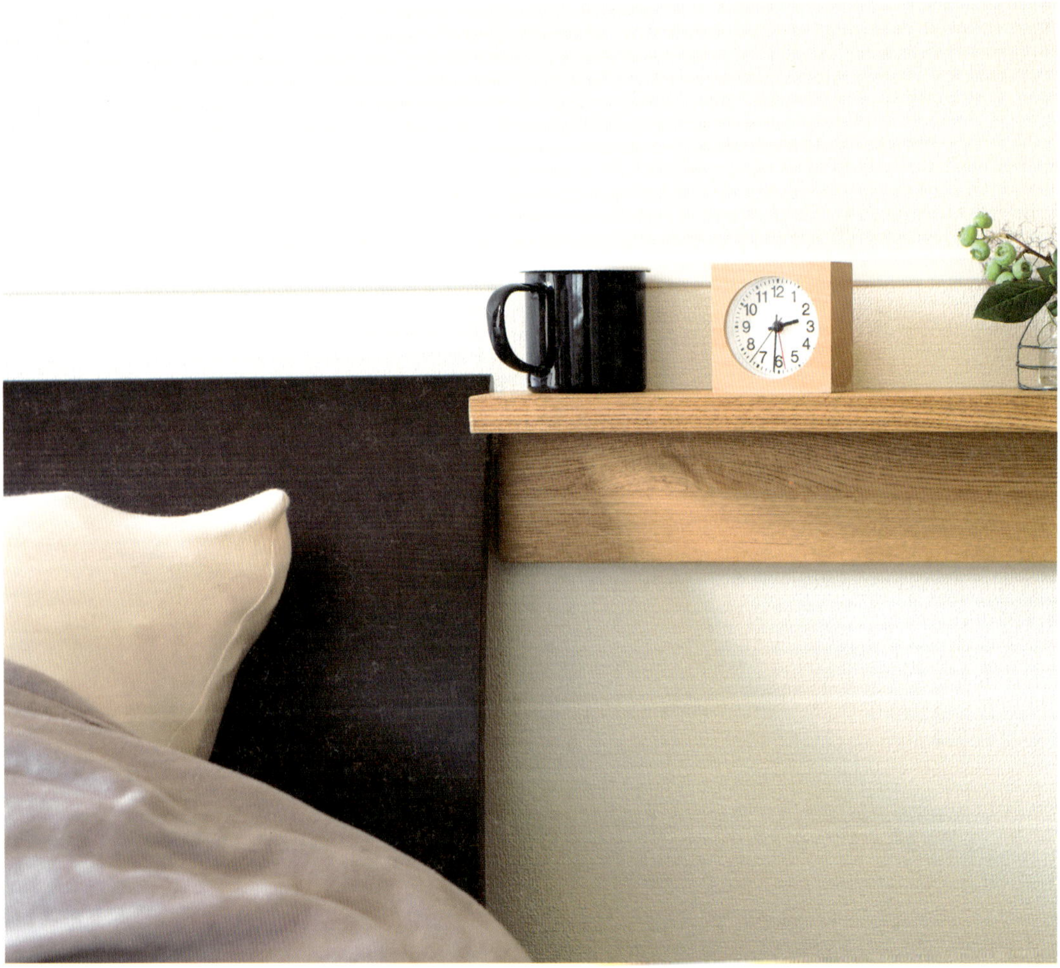

알람시계나 휴대폰… 침대 옆에 적당한 공간이 없을 때는?

바닥 면에 공간을 확보할 수 없다면 벽면을 활용하자. 석고 보드 벽에 부착하는 선반을 활용하면 나이트 테이블로 활용 가능하다. 읽다 둔 책이나 머그컵 등을 올려둘 수 있는 작은 장소가 생기면 침실은 더없이 편안한 공간이 된다.

벽걸이 가구 · 선반 · 폭44cm **p.26-03**

액세서리 수납 추천 방법은?

아크릴 케이스용 칸막이 상자를 의상용 서랍에 그대로 세팅하여 사용하는 방법을 추천한다. 깊이가 있는 서랍에는 같은 사이즈의 칸막이 상자를 상하로 겹쳐 쓰면 자잘한 액세서리도 깔끔하게 꺼낼 수 있다. 한눈에 볼 수 있어 고르기도 쉽다.
벨루어 파티션 격자, 벨루어 칸막이, 벨루어 파티션·목걸이용·L **p.25-13, 14, 12**

자잘한 화장용품 수납법은?

흩어져 있는 화장용품은 케이스 인 케이스로 정돈한다. 소프트 박스 안에 메이크 박스를 넣어두면 자잘한 용품도 꺼내기 쉽게 수납할 수 있다.
메이크 박스·가로형 **p.24-05,** 메이크 박스·½·하프 **p.24-06,** 소프트 박스 장방형·하프·S **p.24-08**

헤어 액세서리를 쉽게 고르려면?

가짓수가 많고 또 금방 늘어나는 헤어 액세서리는 잃어버리거나 내버려두는 일이 없도록 한곳에 모아서 관리한다. 아크릴 덮개식 박스라면 한눈에 확인할 수 있고 먼지가 쌓일 염려도 없다. 아크릴 포토 엽서 박스·엽서 사이즈용 **p.25-10**

SCENE 7
숨겨 두고 싶은 각종 위생용품

깊이가 있는 선반 안쪽의 물건을 쉽게 꺼내려면?

선반 깊이에 맞는 바스켓을 이용하면 서랍처럼 쓸 수 있고 안쪽에 넣은 물건도 쉽게 꺼낼 수 있다. 수건은 간단히 꺼낼 수 있도록 말아서 세로로 수납한다.

가족 모두의 잠옷이나 속옷 수납법은?

잠옷이나 속옷은 한 사람당 서랍 한 개씩 정해 주어야 관리가 쉽다. 어린아이용은 남는 공간이 없도록 낮은 타입이 좋다. 아이들이 스스로 옷을 벗고 정리할 수 있도록 각 서랍마다 이름을 붙여 놓는다.

① 와이어 바스켓 · 6 **p. 27–02** ② 수납 케이스 · S, 수납 케이스 · L **p. 22–04, 05**

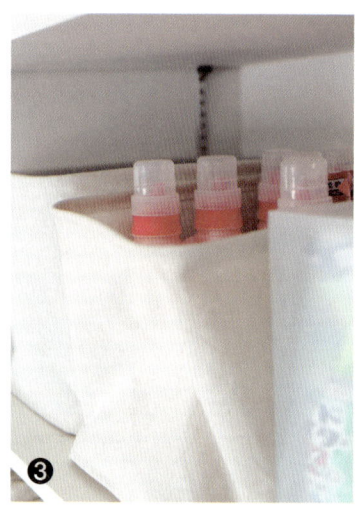

세제나 섬유 유연제 보관은?

여분의 세탁용 세제는 꽤 무거워서 가벼운 천 소재 박스에 수납할 것을 추천한다. 여분의 세제는 여기에 들어가는 양만 넣기로 정한다. 남는 공간에는 파일 박스를 수납해도 좋다.

엉키기 쉬운 옷걸이 수납법은?

파일 박스 뒷면이 바닥에 가도록 놓고 세탁용 옷걸이를 넣어두자. 흩어지지 않고 세워지기 때문에 필요한 개수대로 꺼내기 쉽다. 옷걸이를 같은 종류끼리 배열하면 보기에도 좋다.

③ 소프트 박스 · 장방형 · M, 파일 박스 · 스탠다드 타입 **p.24-13, p.23-05**
④ 스탠드 파일 박스, 스탠드 파일 박스 · 와이드 **p.23-07, 08**

욕실 매트가 잘 마르게 수납하려면?

세탁기 전면에 행어를 붙여두면 사용한 욕실 매트를 걸어 말리면서 수납도 할 수 있다. 이렇게 하면 세탁 시에도 편리하다.

헤어밴드를 둘 자리를 만들려면?

세면대 부근에 후크를 걸어두면 헤어밴드 전용 장소가 된다. 매일 쓰는 물건이니 제자리를 만들어 놓자.

⑤ 타월 행거 · 흡판 타입 **p.165** ⑥ 벽걸이 가구 · 후크 **p.26-01**

욕실 청소 용품을 깨끗이 수납하려면?

욕실에서 쓰는 솔이나 스펀지, 고무 걸레 등은 걸이형 수납을 추천한다. 행어에 부착한 후크에 걸어두면 저절로 물이 빠져 위생적으로도 좋다.

타월 행거 · 흡판 타입, 타월 행거용 후크 **p.165**

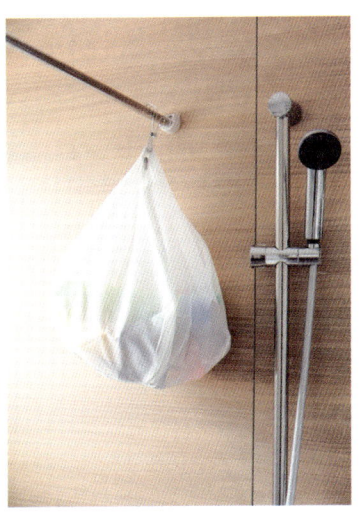

아이들 목욕용 장난감 수납은?

세탁 망에 넣어서 와이어 클립으로 행어에 걸어두면 물이 쉽게 빠진다. 망 입구가 넓어서 놀고 난 후 아이들 스스로 정리할 수 있는 것도 장점이다. 각이 지지 않아 안전한 것도 추천 이유다. 세탁망 · L **p.165**, 와이어 클립 **p.27-11**

네일이나 화장용품을 찾기 쉽게 수납

컬러풀한 화장용품은 투명 용기를 이용하자. 내용물이 보여 찾기 쉽고 입구가 넓어 꺼내기도 간편하다. 서랍에 넣어둘 경우 뚜껑에 라벨을 붙여둔다. 입욕제용 보관 용기 **p.165**

욕실에 수납 선반이 없다면?

벽면의 적당한 위치에 선반을 부착하여 여분의 욕실용품을 수납한다. 남은 화장지와 함께 식물 등도 올려놓을 수 있어 수납뿐 아니라 공간 연출도 가능해 매력적이다.

벽걸이 가구 · 선반 · 폭44㎝ **p.26-03**

SCENE 8 오염되기 쉬운 현관 정리법

외출 시 현관에서 열쇠를 찾지 않으려면?

현관문에 트레이를 부착하여 열쇠를 보관하자. 집 안에서 쓸 일이 없는 열쇠는 귀가 후 바로 이곳에 두는 습관을 들인다. 손쉽게 찾을 수 있어 준비 시간도 줄일 수 있다. 펜 등을 함께 두면 현관 밖 각종 계량기 기입 때도 편리하다.
스틸에 부착할 수 있는 트레이 p.27-04

신발장에 수납공간이 부족할 경우는?

신발장 높은 단에 2개의 어저스트 폴을 평행으로 설치하면 간이 선반이 완성되어 덤으로 수납 양이 늘어난다. 이 선반에는 아이용 작은 신발이나 여성용 플랫슈즈, 비치샌들 등 키가 낮은 신발을 넣는다.
스틸 어저스터 폴 · 얇은형 · M p.27-05

현관에 우산 거는 장소를 만들려면?

벽면에 데코 우드를 부착하면 우산의 손잡이 부분을 걸 수 있다. 접이식 우산 등 걸이식 손잡이가 없는 것은 후크를 사용하여 건다. 데코 우드는 구두 주걱을 걸어두기에도 편리하다. 소품 등도 에코백에 넣어 걸어두면 뜻밖의 수납공간을 확보할 수 있다.
벽걸이 가구 · 데코 우드 · 폭 44cm p.26-04

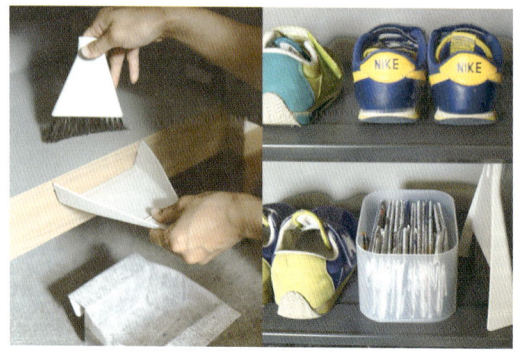

모래투성이인 아이들 신발 선반을 깨끗이 정리하려면?

현관문이나 신발장 문 안쪽, 선반의 빈 공간에 탁상용 빗자루와 광고지를 접어서 만든 쓰레받기를 둔다. 더러워졌을 때 바로 쓸어서 쓰레받기에 담은 후 가까운 쓰레기통에 버리면 끝. 따로 시간을 내지 않고도 현관 청소를 쉽게 할 수 있다.
메이크 박스 · 가로형 p.24-05
탁상용 빗자루(쓰레받기 포함) p.165

공간을 차지하는 헬멧이나 글러브는 어떻게 수납할까?

신발장이나 랙 아래에 공간이 있으면 키가 낮은 박스에 보조 바퀴를 달아 수납한다. 손쉽게 꺼낼 수 있어 편리하고 더러워졌을 경우 세척해서 쓰면 된다. 밖에서 사용하는 물건은 집 안 입구 부근에 두면 정리가 쉬워진다.

캐리 박스 · L p.22-14
캐스터(4개 세트) p.165

신발 케어 용품, 레인코트… 소품을 말끔히 정리하려면?

신발장 선반에 전용 수납 박스를 비치하자. 여러 가지 용품을 섞어 넣어도 서랍식이라면 찾기 쉽고 넣기도 간단하다. 무엇보다 깨끗하게 정리된 현관을 유지할 수 있는 것이 장점.

PP 케이스 · 서랍식 · 가로 와이드 · 깊은형 p.22-10, 메이크 박스 · 가로형, 메이크 박스 · 칸막이 · ½ · 하프 p.24-05, 06

운전 중 선글라스를 한손으로 꺼낼 수 있게 하려면?

아크릴 연필꽂이를 이용, 자가용 문 포켓에 선글라스를 세워서 수납한다. 펜을 꺼내는 것처럼 꺼내기 쉽고 넣기도 간단하다.

아크릴 펜 스탠드 p.25-02

COLUMN 2

무인양품 아이템으로
꾸민 실례집
Before & After

정리 수납 서비스를 위해 두 곳의 집을 방문했다.
무인양품 제품을 활용하여 완성한 수납법, 그 전과
후를 비교하여 소개한다.

필요한 수납 가구 및 수납용품을 준비한다.
수납 아이템 분량을 파악하고 수납공간을 계산한 후
이에 맞춰 준비한 수납 가구나 수납용품을 설치한다.

아기 살림들이 가득 쌓인 주방

DATA
가족 구성… 부부와 여자아이(9개월)
희망 사항… 아기에게 위험하지 않은 주방을 만들고 싶다.

Rearrange 1_ KITCHEN

안심하고 쓸 수 있는 부엌으로

아기가 아장아장 걷기 시작하여 행동 범위가 넓어지기 전에 과도하게 오픈된 주방 수납법을 개선한다. 이와 함께 늘어나는 아기 용품을 정리하기 위해 수납 양도 늘리는 것이 효과적이다.

BEFORE

오픈형 수납 가구는 모두 작은 데다 배치한 수납 가구의 수납력 및 내구력이 떨어진다.

냉장고 위도 수납 선반처럼 쓰이고 있다

수납공간이 꽉 차서 냉장고 위도 어느새 수납장이 되어버렸다. 눈높이보다 위쪽에 있어 간과하기 쉽기 때문에 나중에 보면 유통 기한이 지난 제품도 많다.

위험한 전자레인지 선반

어느 집이나 선반에는 자주 쓰는 물건을 놓게 마련. 이 선반은 오픈형이라 물건이 잘 떨어지고 내하중도 불안하다. 아기가 걷기 시작했을 때 가장 염려스러운 아이템이다.

계속 늘어나는 아기 용품

아기 용품을 둘 곳이 없어 일단 빈 공간에 넣어두었다. 그 결과 뒤쪽에 넣어둔 물건을 꺼내기가 불편하다.

WORK

공간이나 목적에 맞춰 가구를 장만한다. 수납 물건을 보이기 쉽게 분류하여 제자리를 정해 수납한다.

모든 물건을 꺼내서 분류한다

분산되어 있는 물건은 한데 모아서 '식기' '보존 용기' '아이 용품' 등 비슷한 것끼리 분류한다. 식재료는 재고를 파악할 수 있도록 '건조식품' '레토르트 식품' 조미료' 등 카테고리별로 나눈다. 분류가 어려우면 슈퍼 매장을 떠올려 보자.

사용 빈도로 한 번 더 분류

식기나 조리 도구 등 같은 종류 안에서도 사용 빈도에 따라 한 번 더 분류한다. 자주 사용하는 것은 1군, 가끔 사용하는 것은 2군, 거의 쓰지 않는 것은 3군으로 세분한다. 그 다음 가장 꺼내기 쉬운 위치에 1군을, 손이 잘 닿지 않는 곳에는 3군을 두어 수납에 융통성을 준다.

AFTER

냉장고에서 손수레까지 일직선상으로 깔끔하게 정리되어 기능적인 인상을 준다. 위험한 상태도 개선되었다.

왜건에는 식탁에서 사용하는 물건을 둔다
테이블에서 손이 닿는 왜건에는 아기용 거즈 수건이나 턱받이, 포크, 식후에 사용하는 머그컵 등을 모아서 수납했다.

식기 선반과 왜건으로 수납 용량 UP
무인양품의 유닛 선반을 조합하여 수납&가전을 두는 식기 선반과 이동시켜 작업대로도 쓸 수 있는 편리한 왜건을 설치했다. 용도나 크기는 다르지만 소재와 깊이가 같아서 주방 전체에 통일감을 준다. 식기 선반 상단에는 유리문을 달아 높은 위치라도 안쪽을 볼 수 있게 했다.

식기 선반 SUS선반 · 추가용 측면 · L · 높이 175.5cm×2, 추가 선반 · 폭 84cm, 측면 보강 부품 · 84cm, 크로스바 · L×2, 박스 서랍 · 2단×2, 박스 · 글래스 도어 / 합계 283,000원
왜건 SUS선반 · 추가용 측면 · S · 높이 83cm×2, 추가 선반 폭 56cm×2, 측면 보강 부품 폭 56cm, 크로스바 · 소 · 폭 56cm, PP 바스켓 · 폭 · 56cm, 캐스터(4개) / 합계 283,000원

이유식 용품은 싱크대 옆에 둔다
싱크대 옆 서랍에는 이유식을 만드는 데 필요한 용품을 넣었다. 음식을 요리하는 중에도 손만 뻗으면 물건을 꺼낼 수 있다.

유리문 안의 식기류

식기 선반 상단에는 바닥 면적을 많이 차지하는 접시나 겹치면 높아지는 식기를 둔다. 아래 선반에는 라탄 박스 3개로 식품을 분류했다.

일상의 식재료는 라탄 박스에 넣는다

라탄 박스 p.26-15에 분류하면 재고 관리가 쉬워진다. '차', '과자', '건조식품' 등 수납 품목을 금세 알 수 있도록 라벨을 붙인다. 시재료는 눕혀서 보관하면 한데 섞이게 되므로 가능하면 세워서 수납한다.

❶ 사용 빈도가 높은 물건 자리

가장 꺼내기 쉬운 서랍으로 정한다. 여기에는 1군에서 여러 개 겹쳐도 들어가는 높이의 식기를 넣는다.

❷ 여분의 식재료는 2단에 넣는다

여분의 식재료는 이곳에 보관한다. 내용물을 한눈에 파악할 수 있는 서랍은 식재료를 수납하는 데 도움이 된다.

❸ 보존 용기는 한군데 넣는다

주방 여기저기 흩어져 있어 사용할 때 꺼내기 어려웠던 보존 용기는 한 곳에 모은다.

❹ 맨 아래에는 무거운 것을 넣는다

음료수나 보관 식품, 통조림, 액체 조미료 등 무거운 물건은 하단에, 식품명이 보이도록 넣는다.

Rearrange 2_ CLOSET

가구를 없애 넉넉해진 옷장

> **DATA**
> 가족 구성… 부부
> **희망 사항**… 옷을 금방 찾고 꺼내기 쉬운 옷장을 원한다.

BEFORE

집 안 여기저기 흩어져 있는 물건을 한곳에 모아 필요한 물건을 금방 찾고 싶다.

수납할 때 생기는 소소한 스트레스를 없애고 싶다

서랍이 12단이나 되어 수납도 복잡하고, 어디에 무엇이 들어 있는지 알기도 어렵다. 그리고 걸어둔 의류끼리 엉켜 있어 주름이 생기기도 한다.

층층이 쌓인 양말

깊이가 있는 서랍에 쑤셔 넣은 양말은 층층이 쌓여 있어 어디에 무엇이 있는지 알 수 없다. 몇 개는 채 사용하지도 못하고 있다.

WORK

수납할 의류나 소품을 파악하기 위해 모두 꺼내서 분류한다. 그 후 각각의 자리를 정한다.

계절과 아이템으로 분류한다

'겨울 아우터' '여름 상의' '4계절용 하의'같이 계절과 아이템별로 분류하여 같은 종류끼리 모은다. 이렇게 하면 지금 갖고 있는 것들을 쉽게 파악할 수 있고, 불필요한 물건도 정리할 수 있다.

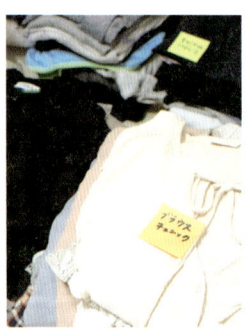

포스트잇으로 라벨을 부착한다

분류할 때는 내용을 적은 포스트잇을 붙여두면 작업이 명확해진다. 여기서는 행어에 거는 옷과 접어서 수납하는 옷의 색을 다르게 하여 부착했다.

AFTER

접어서 두는 옷의 공간과 거는 옷의 공간을 명확하게 나누면, 여백도 생기고 통풍도 잘된다.

'무엇이 어디에 있는지'를 간단히 알 수 있게 한다

분류한 의류는 형태나 사용 빈도에 맞춰 수납한다. 매일 넣고 빼기 간단하게, 찾기 쉽게 하는 것이 포인트. 행어에 건 의류는 길이를 맞춰 아이템별로 정리했다. 접은 옷은 수납 케이스·가로 와이드 **p.22-07, 08, 09**에 넣었다.

일상에서 자주 쓰는 물건은 상단에 둔다
매일 신는 양말이나 이너웨어는 꺼내기 쉬운 상단에 둔다. 케이스 깊이에 맞추어 갠 후 세워서 수납한다. 층층이 쌓여 있던 양말도 깔끔해 보인다. p.22-07

심플한 것이 최고
행거 p.165의 높이를 맞추면 걸어둔 옷의 높이가 일정해져 고르기 쉽다. 행어가 부족해지면 옷이 늘었다는 증거다.

❶ 양말은 접으면 크기가 딱 맞는 천 소재 소프트 박스 p.24-09에 넣는다. 종류가 한눈에 보인다.

❷ 이너웨어는 수납용 구분 케이스 p.23-02에 넣어 서랍에 넣는다. 케이스 높이와 폭에 맞추어 개는 것이 중요하다.

물건 사이즈에 맞춘다

제일 아래에는 부피가 큰 가방을 넣기 때문에 깊이가 있는 수납 케이스 p.22-09를 선택했다. 케이스 깊이는 수납할 물건 사이즈에 맞춘다.

융통성을 살려 수납한다

상의는 수납용 구분 케이스 p.23-03에 넣어서 좌우로, 하의는 앞뒤 2열로 세워서 수납한다. 넣는 법은 의류나 서랍 p.22-08 사이즈에 맞춘다.

벽면도 활용하자

데드 스페이스가 되기 쉬운 벽면에도 후크 p.26-01를 달아 수납 공간을 확보한다. 나무 후크는 자주 사용하는 가방이나 숄 등을 걸어서 수납하기 그만이다.

깊은 곳을 잘 활용하자

안쪽 벽에 벽걸이 가구·데코 우드 p.26-05를 부착하면 철 지난 아우터 등을 걸기 안성맞춤이다(내하중 6kg). 계절에 따라 옷을 바꿔 걸 수 있어 관리가 한결 쉬워진다. 이때 헤드가 회전하는 행어를 사용하면 더욱 효과적으로 공간을 활용할 수 있다.

PART 3

HUMAN SCALE

물건의 크기를 알면 수납의 길이 보인다

사람의 사이즈가 수납의 기본이다

평소 생활 속에서 크기를 의식하는 일은 거의 없다. 하지만 요리하기 편리한 주방, 수납이 간편한 옷장, 대화가 잘 되는 거리, 안정된 넓이 등 마음에 편안함을 주는 주거 공간은 크기와 연관이 깊다. 그리고 마음이 편안한 크기를 결정하는 것은 바로 '사람'이다.

물건에 사이즈가 있듯이 사람에게도 신장이나 몸의 두께, 팔 길이, 손 크기, 눈높이 등 여러 사이즈가 있다. 이를 고려하여 수납하면 훨씬 편리하게 생활할 수 있다. 그래서 활용해야 하는 것이 '휴먼 스케일', 바로 신체 줄자다.

사람의 신체 비율은 대략 정해져 있다. 예를 들어 양 손바닥을 마주대고 팔꿈치를 편 폭은 약 60cm다. 이는 사람이 편하게 걸을 수 있는 폭으로, 여기에 10cm를 플러스하면 옆 사람과 부딪치지 않고 식사할 수 있는 폭이 된다.

무릎 높이는 대략 신장의 $\frac{1}{4}$로, 의자에 앉았을 때 편안한 적정 높이이다. 움직이거나 앉기 불편하다고 느끼는 것은 몸에 맞는 폭, 높이가 확보되지 않기 때문이다. 불편한 이유를 알면 개선하기도 쉽다.

자신의 휴먼 스케일을 알고 생활 공간을 재검토 해보면, 힘들이지 않고 손이 닿는 높이, 넣고 빼기 쉬운 깊이, 다루기 쉬운 크기 등을 자연스럽게 알 수 있게 된다.

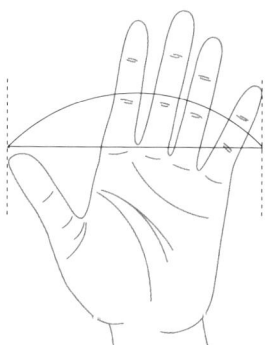

**펼친 손바닥 길이는?
외출하여 사이즈를 알 수 없을 때는 손바닥을 펴면 OK!**

- 신체 폭은 60cm… 사람이 편하게 걷는 데 필요한 폭은 60cm.
- 신체 두께는 45cm… 줄 서서 종렬로 걸을 때 앞뒤 사람의 폭은 45cm가 적당.
- 신장의 약 $\frac{1}{10}$… 엄지와 검지를 직각으로 폈을 때 만들어지는 양 손가락 끝 사이의 길이. 일본에서는 '아타'라 부르는데, 이 길이의 1.5배가 그 사람에게 맞는 젓가락 길이라 한다.

자신의 신체 사이즈를 안다

체형에 따라 다소 차이는 있지만 신체 비율은 대략 비슷하다.

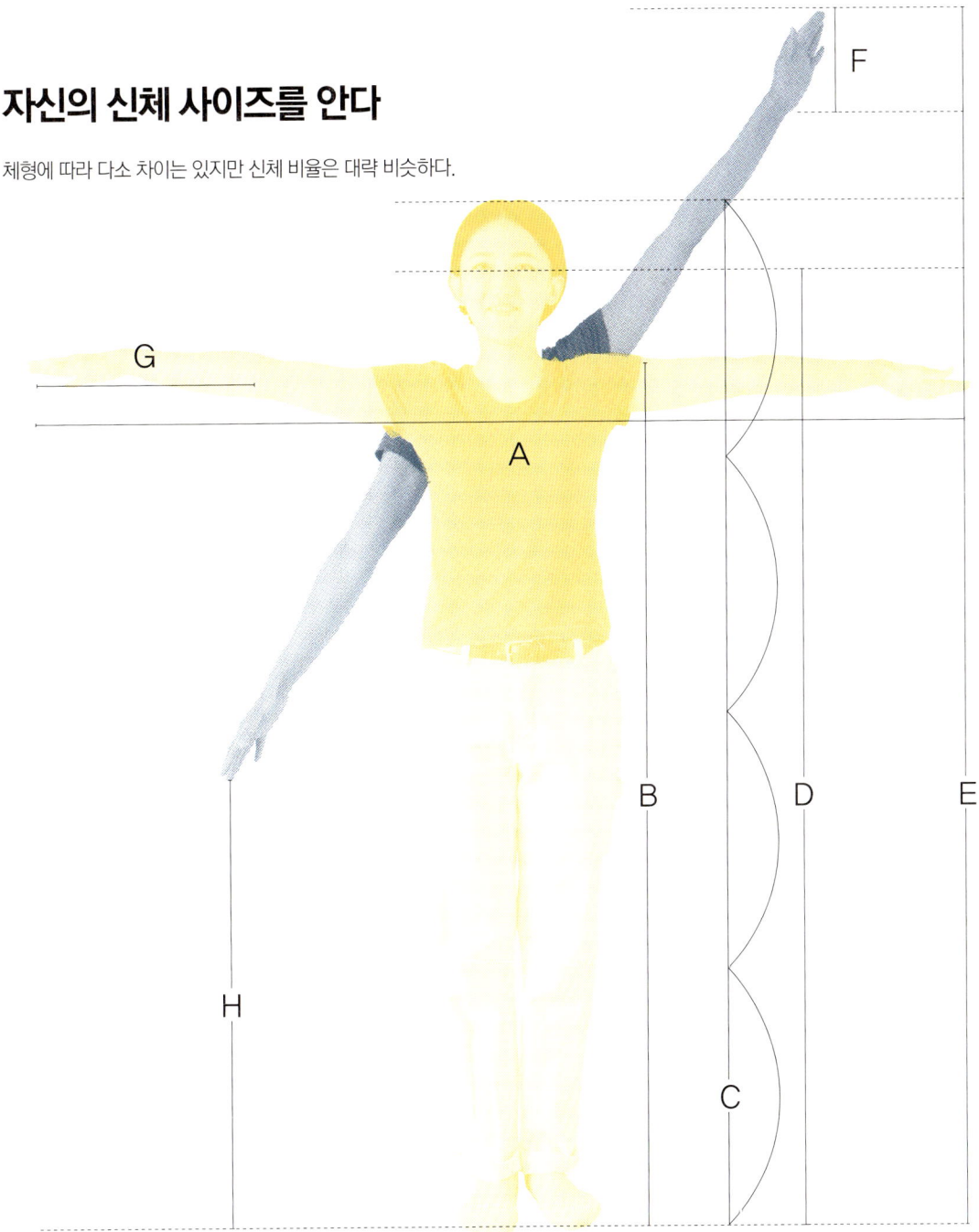

A 양팔을 수평으로 폈을 때 중지 끝에서 중지 끝까지 거리= 신장
B 어깨 높이=신장×0.8
C 무릎 높이=신장×0.25(신장의 ¼)
D 눈높이=신장×0.9
E 팔을 올린 높이=신장×1.2
F 손목에서 중지 끝까지=15~20cm
G 팔꿈치에서 중지 끝까지=약 40cm
H 팔을 내렸을 때 손끝까지의 높이=신장×0.4

어디에 보관할지는 사용 빈도에 따라 결정한다

물건을 수납하는 위치에 따라 사용하기 편함과 불편함이 결정된다. '사용할 곳에 사용하는 물건이 있다'라는 것이 수납의 기본 원칙이다. 그러므로 '어느 정도의 빈도로 사용하고 있는지'에 따라 수납 장소를 결정한다.

'자주 사용하는 물건'은 넣고 빼기 쉬운 높이에 둔다. 신체 범위로 나타내면 내린 손끝에서 눈높이까지가 된다. '가끔 사용하는 물건', 예를 들면 손님용 그릇이나 계절 식기 등은 그 아래나 위에, '좀처럼 사용하지 않는 물건'은 그보다 더 아래나 위에 둔다.

하지만 수납법을 연구할수록 '가끔'을 '자주'의 뒤쪽에, 그리고 '가끔'을 손잡이 달린 수납 박스에 넣으면 '좀처럼'의 공간에 둘 수 있게 된다. 이 부분은 각자 자유롭게 결정하면 된다.

작업이 매끄럽게 이루어지면 시간을 효율적으로 쓸 수 있게 된다. 자신의 휴먼 스케일을 이용하여 수납에 적정한 위치를 확보하고 있는지 확인해 보자.

 좀처럼 사용하지 않는 물건, 가벼운 물건

손이 닿는 곳 = 신장×1.2

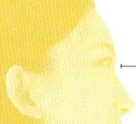 가끔 사용하는 물건, 가벼운 물건

눈높이 = 신장×0.9

 자주 사용하는 물건

팔을 내렸을 때 손끝까지의 높이
신장×0.4

 가끔 사용하는 물건 및 무거운 물건

무릎 높이 = 신장×0.25

 좀처럼 사용하지 않는 물건, 무거운 물건

치수를 재어본다

구입한 수납 용품이 들어가지 않는다! 이런 일이 일어나지 않도록 설치 공간의 치수를 정확하게 재자.

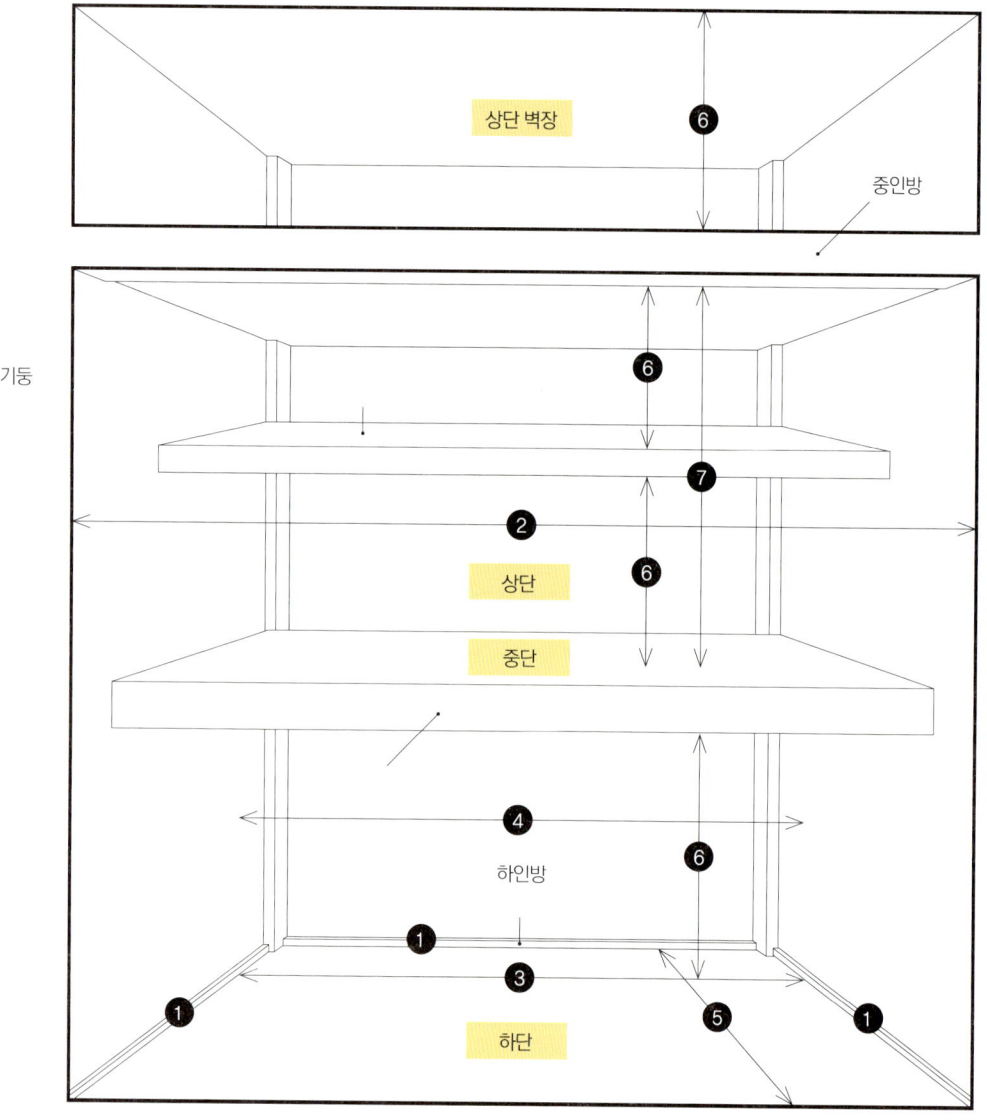

벽장

❶ 하인방 좌우의 인폭 하인방의 깊이와 높이를 재서 차이가 나는 경우에는 큰 치수에 맞춘다.

❷ 기둥과 기둥 사이… 문을 떼어 냈을 때 물건을 넣고 뺄 수 있는 치수.

❸ 하인방과 하인방 사이… 물건이나 수납 용품이 들어가는 유효 치수. 단 기둥 부분은 서랍을 넣으면 열리지 않는다.

❹ 벽과 벽 사이… 벽장 폭의 최대 길이. 행어 등을 설치할 때는 이 사이즈로 한다.

❺ 하인방에서 문턱 직전… 물건이나 수납 용품이 들어가는 유효 치수. 문턱 직전까지 수납이 가능하다.

❻ 4군데의 높이… 하단, 상단, 상단 벽장, 베개 선반(있는 경우) 각각의 바닥부터 틀까지를 잰다. 물건이나 수납 용품을 넣고 뺄 때의 유효 치수.

❼ 중단 위부터 천장… 베개 선반이 있는 경우 이 치수를 잰다. 상하에 행어를 넣는 경우에 잰다.

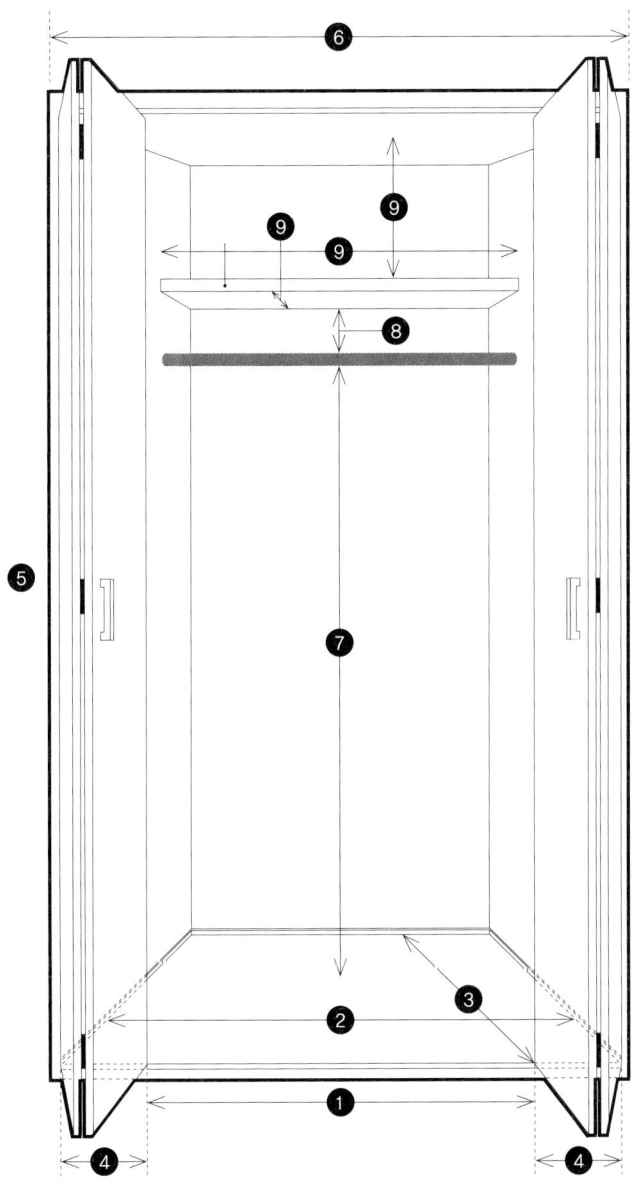

접이식 문 달린 옷장

❶ 정면 폭 유효 치수… 문을 열었을 때 실제 넣고 뺄 수 있는 치수. 서랍 케이스 등을 넣을 때는 이 사이즈를 참고한다.

❷ 바닥용 가로 폭 치수… 걸레받이에서 걸레받이까지를 잰다. 어느 정도의 폭으로 바닥용 수납 케이스 등을 넣을 수 있는지 알 수 있다.

❸ 바닥용 안길이 유효 치수… 접이식 문을 열었을 때 옷장 안으로 들어가는 문 끝까지. 바닥용 안길이는 이 사이즈가 최대가 되게 한다.

❹ 접이식 문의 두께… 접이식 문을 열었을 때의 두께를 잰다. ❷에서 ❹를 빼면 ❶이 된다.

❺ 높이 최대 치수… 이 치수까지 수납이 가능하다. 단, 베개 선반이 있는 경우에는 수납할 수 없다.

❻ 최대 가로 폭 치수… 벽에서 벽까지를 잰다. 행어 등을 설치할 때 잰다.

❼ 봉까지의 높이… 바닥에서 봉 아래까지를 잰다. 약 170cm가 일반적이다. 롱 코트 등을 걸어도 그 아래 50cm 정도 남는다.

❽ 봉 위쪽 높이… 10cm 이상 남으면 행어 등을 설치할 수 있다.

❾ 베개 선반 폭과 안길이, 높이… 베개 선반에 어떤 크기의 물건을 놓을 수 있는지 알 수 있다. 대들보가 있는 경우에는 그 안길이와 높이도 잰다.

기억해 두면 편리한 생활 물품 사이즈

이불(싱글)
까는 이불 100×210cm
덮는 이불 150×210cm
깔아두는 매트 150×220cm

다이닝 테이블
1인당 테이블 이용 면적 60×40cm
4인용 폭 120cm 이상, 길이 80cm 이상
6인용 180cm 이상, 길이는 폭이 커짐에 따라 늘어난다.

직접 수납해 본다

용도에 맞춰 자유롭게 조합할 수 있는 무인양품의 수납용품. 상황에 맞게 제품을 선택하는 데 참고할 수 있도록 수납 용량을 체크해 보았다.

캐미솔이나 레깅스 등 작게 접을 수 있는 것은 낮은 케이스에 높이를 맞추어 수납한다.

스웨터나 티셔츠, 청바지 등 주름이 생겨도 상관없는 의류는 세워서 수납하는 것이 기본이다. 한눈에 무엇이 들어 있는지 알 수 있고 관리가 쉬워 편리하게 사용할 수 있다. 데드 스페이스가 생기지 않도록 케이스 깊이에 맞춰 옷을 갠다. 깊이가 있는 케이스에 수납할 경우, 청바지 등은 한 번 접어 말아서 세우면 보기 좋다.

옷을 개는 기본법

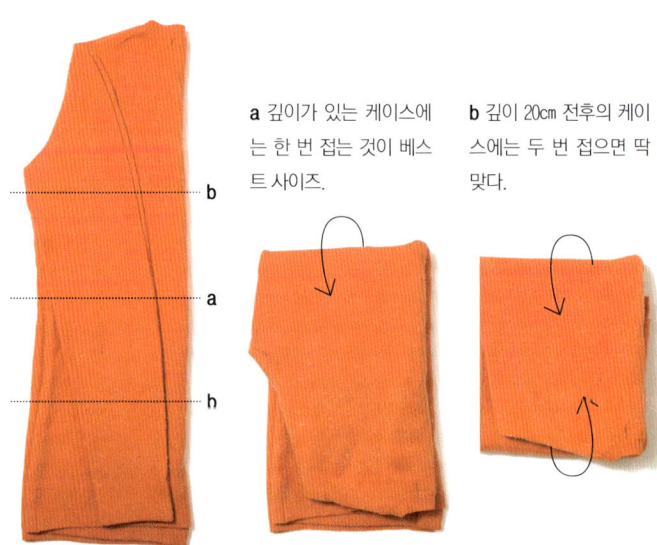

a 깊이가 있는 케이스에는 한 번 접는 것이 베스트 사이즈.

b 깊이 20cm 전후의 케이스에는 두 번 접으면 딱 맞다.

가장 간단히 개는 법은 전신의 중앙에서 반으로 접어, 소매를 안쪽으로 접어 넣은 후 한 번 혹은 두 번 접는다.

PP 케이스 · 서랍식 하프 · 깊은형 p.23-14	PP 케이스 · 서랍식 하프 · 얕은형 p.23-15	소프트 박스 · 얕은형 · 하프 p.24-09
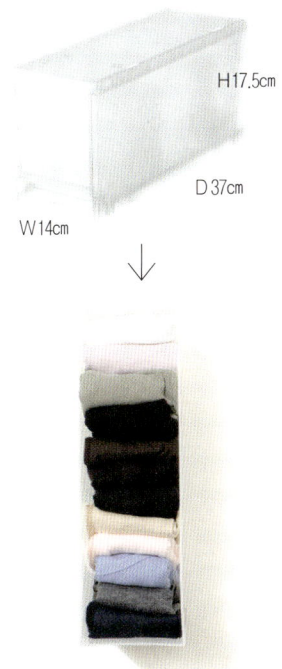		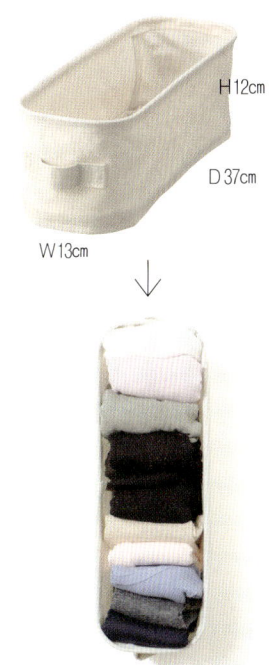
캐미솔, 탱크톱 등 얇은 의류 12장. 한 번 접었더니 상단에 빈 공간이 생긴다.	캐미솔, 탱크톱 등 얇은 의류 8장. 높이는 딱 맞지만 두 번 접은 만큼 두꺼워져서 수납양이 감소했다.	캐미솔, 탱크톱 등 얇은 의류 12장. 천 소재는 늘어나기 때문에 조금 양이 넘쳐도 가능하다.

PP 케이스용 부직포 구분 케이스

S 폭12×깊이38×높이12cm **p.23-01**,
M 폭16×깊이38×높이12cm **p.23-02**,
L 폭24×깊이38×높이12cm **p.23-03**을,
클로젯 케이스 · 서랍식 · S **p.22-01**에 설치한다.

종이 가방으로 구분 케이스를 만든다

다 쓴 종이 가방으로 넣고 빼기 간편하고, 아이템을 분류하거나 소지품을 관리하는 데 도움이 되는 구분 케이스를 만든다.

두꺼운 스웨터

의류 케이스 · 서랍식 · L p.22-15

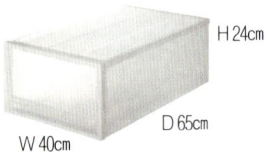

수납 수 12장. PP 수납 케이스 시리즈로 안길이가 가장 깊은 아이템. 많은 양을 수납할 수 있다.

클로젯 케이스 · 서랍식 · L p.22-02

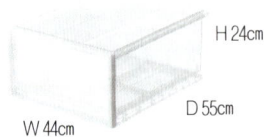

수납 수 12장. 의상 케이스와 비교하여 쑤셔 넣은 느낌이다.

클로젯 케이스 · 서랍식 · 깊은형 p.22-03

수납 수 12장. 빈 공간 있음. 케이스 높이에 맞추어 옷을 갰기 때문에 얇아진 만큼 수납 양이 늘었다.

청바지 · 면바지

수납 수 18장. 두 번 접은 것을 한 번 더 접었다. 두꺼워졌지만 다 들어갔다.

수납 수 16장. 스웨터에 비해 신축성이 없는 청바지는 2벌이 밀려나왔다.

수납 의류 18장. 빈 공간 있음. 높이가 높으므로 청바지를 말아서 구분 케이스에 세워 수납한다.

수납 케이스 · L p.22-05

H 24cm
D 44.5cm
W 34cm

수납 수 8장. 4장이 밀려나왔다. 스웨터 수납보다 속옷, 티셔츠 등 얇은 의류에 적합한 것 같다.

수납 수 12장. 6장이 밀려나왔다. 빡빡하게 들어가서 넣고 빼기 힘들 것 같다.

수납 케이스 · 가로 와이드 · L p.22-08

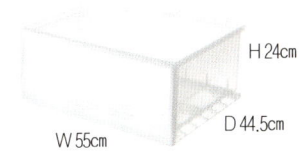

H 24cm
D 44.5cm
W 55cm

수납 수 12장. 안길이가 짧아서 꺼내면 옷을 한 눈에 볼 수 있다. 수납 양도 충분하다.

수납 수 18장. 수납한 의류 사이에 여유가 있고 넣고 빼기가 쉽다.

소프트 박스 · 의류 케이스 · L p.24-16

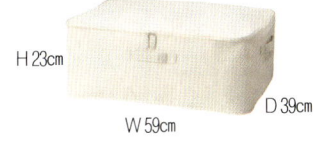

H 23cm
D 39cm
W 59cm

수납 수 12장. 빈 공간 있음. 철 지난 의류 수납에 적합하다. 침대 밑에 들어가는 높이다.

수납 수 18장. 빈 공간 있음. 수납 양은 충분하다.

EPILOGUE

실용과 변화 두 가지 매력을 지닌 무인양품으로 가자!

생활에 필요한 물건을 구할 때나 업무용품 재고가 떨어졌을 때 들르곤 하지만 지나가는 길에 '무인양품'이라는 글자를 보면 빨려들 듯 안으로 들어간다. 여행지에서도 매장이 눈에 띄면 반드시 들르는 등 내게 무인양품은 생활의 일부가 되었다.

'활용도를 우선으로 하는 물건'이라는 변하지 않는 매력 속에서 항상 변화를 모색한다는 점이 내가 주 1회 이상 방문하는 이유일 것이다. 생활 풍경이나 계절을 느낄 수 있는 디스플레이를 보는 것도 또 하나의 즐거움이다. 특히 신상품에는 구매자의 요구를 고려한 변화가 엿보인다. 예를 들면 냉장고 도어 포켓에 들어가도록 사이즈를 맞춘 물통 같은 것 말이다. 쓸데없는 것을 없애고 진정한 편리함을 추구한 상품은 간소하지만 편안하고, '이거면 충분하다'라는 만족감을 준다. 그리고 단순하기 때문에 그 사용법은 무궁무진하다. '이걸 어떻게 쓸까?'라고 생각하는 것만으로 즐겁고 행복해진다.

고등학생 때 처음 발을 들여놓았을 때도, 아르바이트로 일주일에 몇 번이나 드나들던 때도, 정리 수납 컨설턴트로서 방문하는 지금도 언제나 나를 설레게 하는 환상의 나라다.

무인양품 아이템은 의식주 전방에 걸쳐 있다. 티셔츠, 펜, 침대, 파스타소스… 제품이 너무 많아 실제 하나의 브랜드로 나열하기란 무척 어려울지 모른다. '생활하는 것'이 좋고 나 자신뿐 아니라 남의 생활에도 관심이 있어, 그 사람이 '원하는 대로 생활할 수 있는' 공간을 만들어 주는 것을 목표로 정리 수납 서비스업을 하고 있는 나에게, 모든 물건이 생활과 연결되어 있는 무인양품은 유일무이한 존재다.

이 책에서 소개하는 무인양품 아이템

상품명 / 가격 / 소개 페이지

ㄱ
구분 주머니(4사이즈·11매입) / 2300원 / p.121

ㄴ
나일론 메시 하드 케이스 L(약 19×27cm) / 6,000원 / p.121

ㄷ
더스트 박스·뚜껑식·L(약 21×42×55cm) / 33,000원 / p.52

ㄹ
리필 클리어 포켓(A4·30홀·15매입) / 3,500원 / p.62
리필 인덱스 (A4 사이즈·30홀·5개입) / 3,800원 / p.62
리필 인덱스 (A5 사이즈·20홀·5개입) / 2,500원 / p.130

ㅁ
마그네틱 랩 케이스·L(약 25~30cm 용) / 가격 미정 / p.52
미니 핸디 자루걸레(약 33cm) / 5,900원 / p.52

ㅂ
바인더(A4·30홀) / 8,300원 / p.62
빗자루(약 22×3×23cm) / 5,900원 / p.101

ㅅ
스틸 면에 부착 가능한 거울 / 가격 미정 / p.52
신축식 폴(약 직경2.5×길이68~116cm) / 6,900원 / p.103
세탁망·L / 3,300원 / p.137
세탁용 행어(3개 세트) 41cm / 5,500원 / p.85

ㅇ
에센셜 오일·페퍼민트10㎖ / 19,000원 / p.67, 95
에센셜 오일·로즈메리10㎖ / 16,000원 / p.67
인테리어 방향 오일 세트(릴랙스) / 29,000원 / p.99
입욕제 보관 용기(약 385㎖) / 4,600원 / p.137

ㅈ
전기냉장고·270L
폭 60×깊이 65.7×높이 141.9cm
(핸들 미포함) / 가격 미정 / p.56
상단에 오븐레인지를 둘 수 있다.

ㅊ
초음파 아로마 디퓨저(직경 약 8×높이14cm)/69,000원 / p.67, 109
칫솔 스탠드 1인용 (약 직경 4×3cm) / 5,300원 / p.93

ㅋ
칸막이 판·S / 3,000원 / p.52
클리어 홀더 사이드 수납(A4·20포켓) / 6,500원 / p.62
카드보드 스탠드 파일박스(5매입·A4용) / 9,900원 / p.99
칸막이 판·M / 4,400원 / p.109
카드 홀더 3단(60매용, 사이드 수납) / 1,600원 / p.121
캐스터(4개 세트) / 5,000원 / p.72, 139

ㅌ
타월 행어용 후크(5개입) / 5,800원 / p.137
타월 행어·흡판 타입(약 41cm) / 5,800원 / p.125, 136, 137
탁상용 빗자루 쓰레받기 세트(약 16×4×17cm) / 3,900원 / p.101, 138

ㅍ
프레임 2 (A5 사이즈용) / 9,600원 / p.74
페이퍼 홀더 (A4·5매입) / 3,800원 / p.131

ㅎ
행주12장 세트(약 40×40cm) / 8,000원 / p.45
행잉 홀더 (A4·5매입) / 8,300원 / p.131
행거·1단·슬랙스·스커트용(약 35×3×16cm) / 7,500원 / p.150

촬영 협조

영플라자점
서울특별시 중구 남대문로 67 롯데백화점 본점 영플라자 5F
전화 02-2118-5191
영업시간 11:30 ~ 21:30

잠실점
서울특별시 송파구 올림픽로 240 롯데마트 잠실점 1F
전화 02-411-0912-4
영업시간 10:00 ~ 22:00

서울역점
서울특별시 중구 청파로 426 롯데마트 서울역점 3F
전화 02-365-5321-2
영업시간 10:00 ~ 23:00

일산점
경기도 고양시 일산동구 중앙로 1283 롯데백화점 일산점 지하 1F
전화 031-909-3188
영업시간 10:30 ~ 20:00

송파점
서울특별시 송파구 중대로 80 롯데마트 송파점 1F
전화 02-400-1207
영업시간 10:00 ~ 22:00

타임스퀘어점
서울특별시 영등포구 영중로 16 ㈜ 경방 타임스퀘어 2F
전화 02-2638-2008-9
영업시간 10:30~22:00

디큐브 시티점
서울특별시 구로구 경인로 662 현대백화점 D-CUBE city 지하 1F
전화 02-2210-9068
영업시간 11:00 ~ 21:30, 금 ~ 일요일 11:00 ~ 22:00

김포공항점
서울특별시 강서구 하늘길 38 롯데몰 김포공항점 지하 1F
전화 02-6116-5330
영업시간 10:30 ~ 22:00

부산본점
부산광역시 부산진구 가야대로 772 롯데백화점 부산본점 MB 2F
전화 051-810-4081
영업시간 10:30 ~ 20:00, 금 ~ 일요일 10:30 ~ 21:00

합정점
서울특별시 마포구 양화로 45 메세나폴리스 1F
전화 02-323-5280
영업시간 11:00 ~ 22:00

강남점
서울특별시 강남구 강남대로 426 무인양품 B1F~3F
전화 02-6203-1291~4
영업시간 10:30 ~ 22:00

천호점
서울특별시 강동구 천호대로 1005 현대백화점 천호점 11F
전화 02-2225-7872
영업시간 10:30 ~ 20:00 금 ~ 일요일 10:30 ~ 20:30

롯데월드몰점
서울특별시 송파구 신천동 29
전화 02-3213-4171~3
영업시간 10:30~22:00

아이파크몰점
서울특별시 용산구 한강대로23길 55 현대아이파크몰 동관 5층 무인양품
전화 02-2012-4512
영업시간 10:30 ~ 22:00

온라인 스토어 http://www.muji.com/kr/

http://www.muji.com/kr/

조금 더 알고 싶은
無印良品 수납법

초판 1쇄 발행 2015년 10월 30일
초판 2쇄 발행 2016년 3월 10일

지은이 | 혼다 사오리
옮긴이 | 임희진

펴낸이 | 김우연, 계명훈
마케팅 | 함송이
경영지원 | 이보혜
디자인 | design group ALL(02-776-9862)
교정 | 김혜정
펴낸 곳 | for book 서울시 마포구 공덕동 105-219 정화빌딩 3층
　　　　 02-753-2700(판매) 02-335-3012(편집)
출판 등록 | 2005년 8월 5일 제 2-4209호

값 13,000원
ISBN 979-11-86455-99-9 13590

본 저작물은 for book에서 저작권자와의 계약에 따라 발행한 것이므로
본사의 허락 없이는 어떠한 형태나 수단으로도 이 책의 내용을 사용할 수 없습니다.

※ 잘못된 책은 바꾸어 드립니다.